차시	날짜	빠르기	정확도	확인란
1	월 일	타	%	
2	월 일	타	%	
3	월 일	타	%	
4	월 일	타	%	
5	월 일	타	%	
6	월 일	타	%	
7	월 일	타	%	
8	월 일	타	%	
9	월 일	타	%	
10	월 일	타	%	
11	월 일	타	%	
12	월 일	타	%	

차시	날짜	빠르기	정확도	확인란
13	월 일	타	%	
14	월 일	타	%	
15	월 일	타	%	
16	월 일	타	%	
17	월 일	타	%	
18	월 일	타	%	
19	월 일	타	%	
20	월 일	타	%	
21	월 일	타	%	
22	월 일	타	%	
23	월 일	타	%	
24	월 일	타	%	

이 책의 목차

1

한글 2016 만나기 — 4

2

글자 입력으로 범인 찾기 — 10

3

글자 모양과 문단 모양으로 여행 계획 세우기 — 16

4

문단 번호와 글머리표로 알아보는 야구 규칙 — 22

16

B.I.N.G.O 빙고 게임 — 92

15
클립아트로 미니 북 만들기 — 86

14
그리기마당으로 우주 전쟁 웹툰 장면 만들기 — 80

13
그림 효과로 오리 가족 나들이 표현하기 — 74

17

도형으로 영양소 분석표 만들기 — 96

18
스크린샷으로 바이러스 감염병 예방 포스터 만들기 — 104

19
바탕쪽을 활용한 상장 만들기 — 110

20
스타일로 마카롱 홍보글 만들기 — 116

처음부터 차근차근 따라하다 보면
어느새 나도 한글 2016 전문가!!

5

28
글상자로 말썽쟁이
강아지 모집글 만들기

6

34
글맵시로 완성하는
나의 버킷리스트

7

40
언어 번역으로 완성하는
글로벌 명함

8

46
알쏭달쏭 초성게임

12

68
그림으로 올바른 손씻기
홍보물 만들기

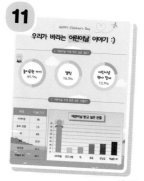

11

62
차트를 활용한
어린이날 이야기

10

56
표 편집으로 완성하는
먼슬리 플래너

9

50
표로 완성하는
가로/세로 낱말 맞히기

21

122
책갈피&하이퍼링크로
심리테스트 만들기

22

128
동영상으로
여행 브이로그 만들기

23

133
다단으로
우리집 소식지 만들기

24

140
두근두근 세계 여행

01 한글 2016 만나기

학습목표

- 한글 2016을 실행하고, 화면 구성을 이해할 수 있습니다.
- 저장된 문서를 불러와 편집할 수 있습니다.
- 작성한 문서를 저장할 수 있습니다.

한글 2016 글과 그림이 있는 문서를 만들어야 할 때 손으로 쓰거나 그리면 시간이 너무 오래 걸리죠? 이럴 때 한글 2016 프로그램을 사용하면 문서 편집을 쉽고 간편하게 할 수 있어요.

실습파일 : 한글 만나기(예제).hwp   완성파일 : 한글 만나기(완성).hwp

미리보기

한글 2016이
뭐예요?

- 한글 프로그램은 문자뿐만 아니라 표, 차트, 클립아트, 그림 삽입 기능을 사용하여 다양한 형태의 문서를 작성할 수 있어요.
- 한글 2016은 한글과 컴퓨터에서 개발한 워드프로세서로, 정식 명칭은 한컴오피스 NEO에요.
- 한글 2016은 한글 프로그램의 버전 중의 하나로 한컴오피스 2010, 2014, NEO, 2018, 2020 등 다양한 버전이 있어요.
- 한글 프로그램은 선생님, 학생, 회사원 등 많은 사람들이 다양한 용도로 사용하고 있어요.

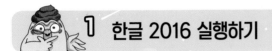

1 한글 2016 실행하기

01 한글 2016을 실행하기 위해 [시작]-[한글(🗋)]을 선택해요.

💡 바탕 화면에 바로 가기 아이콘이 설치되어 있다면 더블 클릭해도 실행할 수 있어요.

02 한글 2016 프로그램이 실행되면 다음과 같은 화면이 표시돼요.

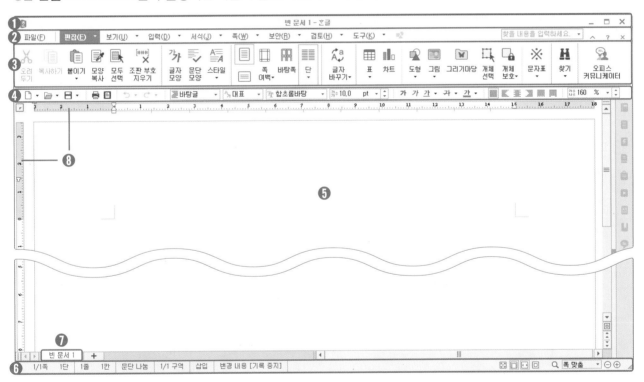

❶ 제목 : 프로그램의 제목과 최소화, 최대화, 닫기 단추가 나타나요.

❷ 메뉴 : 프로그램에서 사용하는 메뉴를 비슷한 기능별로 묶어 놓은 곳이에요.

❸ 기본 도구 상자 : 각 메뉴에서 자주 사용하는 기능을 그룹별로 묶어서 메뉴 탭 형식으로 제공해요.

❹ 서식 도구 상자 : 문서 편집 시 자주 사용하는 기능을 모아 아이콘으로 묶어서 놓은 곳이에요.

❺ 문서 창 : 글자나 그림과 같은 내용을 넣고 꾸미는 작업 공간이에요.

❻ 상황 선 : 문서 창의 상태 및 마우스 포인터가 있는 곳에 대한 정보 등을 보여주는 곳이에요.

❼ 문서 탭 : 작성 중인 문서와 파일명을 표시해요. 저장하지 않은 문서는 파일 이름이 빨간색으로 표시되고, 자동 저장된 문서는 파란색, 저장 완료된 문서는 검은색으로 표시돼요.

❽ 가로 눈금자/세로 눈금자 : 개체의 가로, 세로 위치나 너비를 파악하기 위해 사용해요.

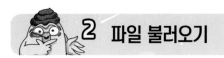

2 파일 불러오기

01 한글이 실행된 상태에서 [파일]-[불러오기]([Alt]+[O])를 선택해요.

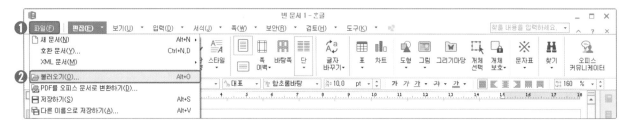

02 [불러오기] 대화상자가 나타나면 **[01차시]** 폴더에서 '**한글 만나기(예제).hwp**'를 선택하고 [열기]를 클릭해요.

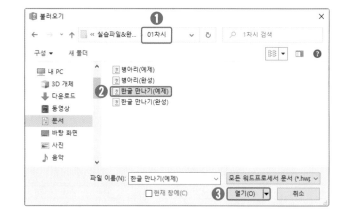

03 파일이 열리면서 파일의 이름이 창 상단에 표시되고, 문서 창에는 파일의 내용이 표시돼요. 또, 상황 선에 '**1/2 쪽**'이라고 표시되어 전체 2쪽으로 구성된 문서에서 1쪽에 커서가 있음을 알려줘요.

화면 확대를 '두 쪽'으로 설정한 화면이에요.

04 키보드의 [Page Down]을 누르면 화면이 2쪽으로 이동해요. 상황 선에 '**2/2쪽**'으로 표시된 것을 확인해요.

05 2쪽의 오른쪽 아래 그림에 입력된 '한국의 음식' 텍스트의 '음식' 텍스트 앞에 "**전통**" 텍스트를 입력해 보세요.
'음식' 텍스트가 뒤로 밀려나면서 텍스트가 입력돼요.

• 상황 선의 [삽입]/[수정] 상태가 '삽입'으로 표시되어 있어야만 새로운 텍스트가 삽입돼요.
• 키보드의 [Insert]를 누르면 [삽입]과 [수정]이 번갈아 표시돼요.

06 나머지 이미지에도 텍스트를 입력해요.

07 작성한 문서를 저장하기 위해 **[파일]-[다른 이름으로 저장하기]**를 클릭해요. [다른 이름으로 저장하기] 대화 상자가 나타나면 파일 이름을 **"한글 2016"**으로 입력하고 [저장]을 클릭해요.

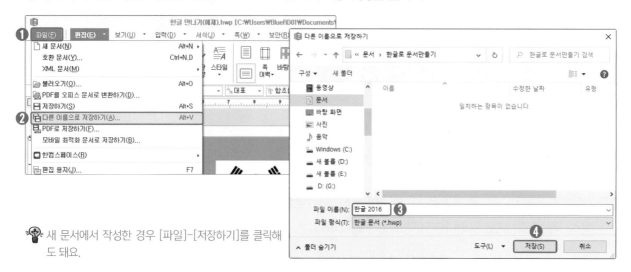

💡 새 문서에서 작성한 경우 [파일]-[저장하기]를 클릭해도 돼요.

08 파일이 저장되었어요. 제목의 파일명과 문서 하단의 문서 탭의 이름도 파일명으로 변경된 것을 확인해요.

혼자서 뚝딱뚝딱

1 '병아리(예제).hwp' 파일을 열고 내용을 입력하여 '병아리(완성).hwp'로 저장해 보세요.

· 실습파일 : 병아리(예제).hwp   · 완성파일 : 병아리(완성).hwp

- **지은이** : Space Bar 를 누르거나 Tab 을 누른 후 입력
- **저장 경로** : 바탕 화면에 자신의 이름으로 된 폴더를 만들어 저장

실과5 ▶ 수송과 수송 수단의 세계

2 '자전거(예제).hwp' 파일을 열고 내용을 입력하여 '자전거(완성).hwp'로 저장해 보세요.

· 실습파일 : 자전거(예제).hwp   · 완성파일 : 자전거(완성).hwp

#영문 입력 #한자 입력 #특수문자 입력

02

학습목표

글자 입력으로 범인 찾기

- 영문자를 입력할 수 있습니다.
- 한글을 한자로 변환할 수 있습니다.
- 특수문자를 입력할 수 있습니다.

✿ **글자 입력**   한글 프로그램에서는 한글, 영문, 특수문자, 한자 등을 다양하게 입력할 수 있기 때문에 원활한 문서 작성이 가능해요.

실습파일 : 어린이 탐정단(예제).hwp   완성파일 : 어린이 탐정단(완성).hwp

미리보기

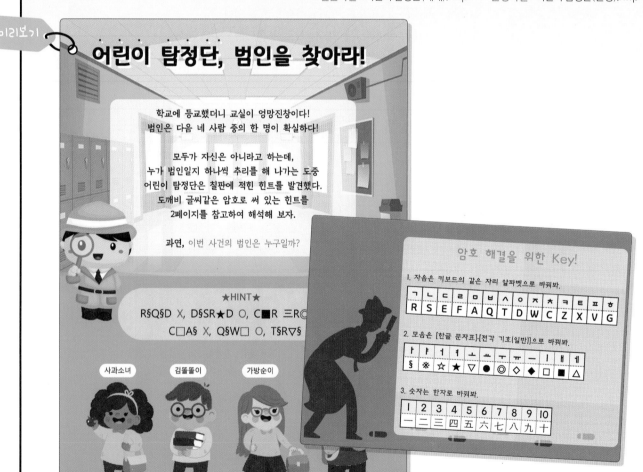

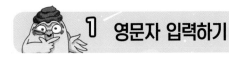

1 영문자 입력하기

01 '어린이 탐정단(예제).hwp' 파일을 실행해요. 교실을 더럽힌 사람을 찾기 위해서는 암호로 적힌 힌트를 해석해야 해요. 암호를 해석하기 위해 [Page Down]을 눌러 2쪽으로 이동해요.

02 첫 번째 표의 두 번째 줄 첫 번째 칸에 커서를 놓고, 키보드에서 [한/영]을 눌러 영문 입력 상태로 변환한 후 키보드에서 'ㄱ'의 영문에 해당하는 "R"을 입력해요.

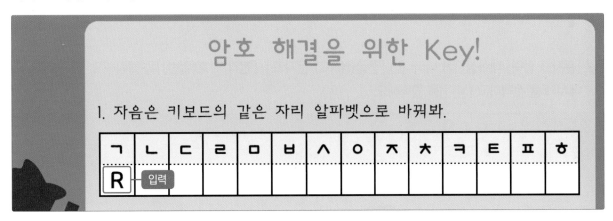

💡 [Caps Lock]을 눌러 활성화되면 대문자를 입력할 수 있어요.

03 오른쪽 방향키([→])를 눌러 다음 칸으로 이동한 후 키보드의 'ㄴ'에 해당하는 "S"를 입력해요. 같은 방법으로 'ㄷ'~'ㅎ'에 해당하는 영문을 입력해요.

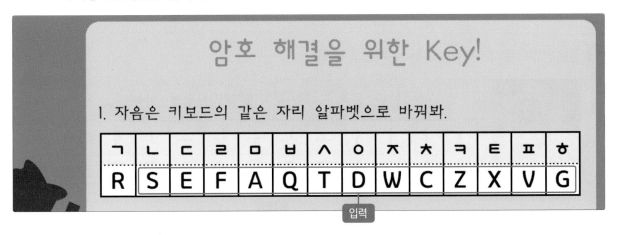

2 특수문자 입력하기

01 두 번째 표에는 특수문자를 입력하기 위해 두 번째 줄 첫 번째 칸에 커서를 놓고 **[입력]-[문자표]**(Ctrl + F10)를 선택해요.

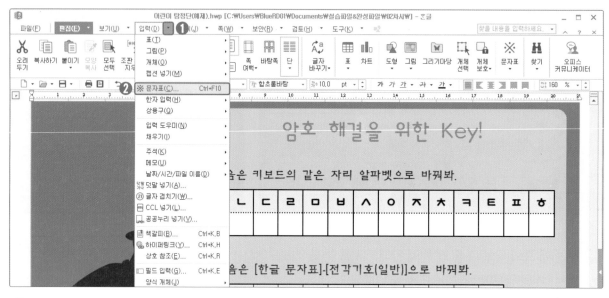

💡 [입력] 탭-[문자표]-[문자표]를 클릭해도 돼요.

02 [문자표 입력] 대화상자가 나타나면 **[흔글(HNC) 문자표]-[전각 기호(일반)]**을 클릭해요. 전각 기호 목록 중에서 '§'을 선택하고 [넣기]를 클릭해요.

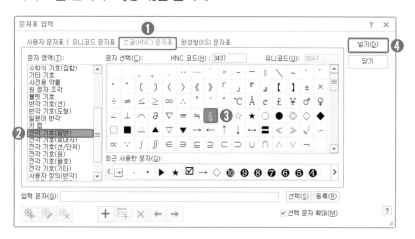

03 같은 방법으로 나머지 칸에도 특수문자를 입력해요.

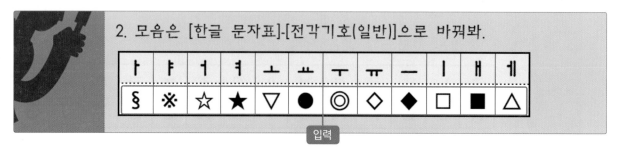

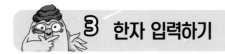

③ 한자 입력하기

01 세 번째 표에는 한자를 입력해 볼게요. 두 번째 줄에 숫자를 한글로 입력해요.

💡 숫자를 바로 한자로 변환할 수 없으므로 한글을 입력한 후 한자로 변환해야 해요.

02 '일' 글자 뒤에 커서를 놓고 키보드의 한자를 눌러요. [한자로 바꾸기] 대화상자에 한글 '일'에 대한 한자 목록이 나타나요. 숫자 '1'에 해당하는 한자 '一'을 선택하고 [바꾸기]를 클릭해요.

03 한글 '일'이 한자 '一'로 바뀐 것을 확인해요.

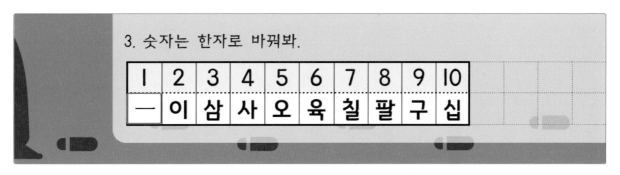

💡 한자 뒤에서 한 번 더 한자를 누르면 다시 한글로 바뀌어요.

04 같은 방법으로 한글을 모두 한자로 바꾸어 암호표를 완성해요.

05 비밀편지에 적힌 암호문을 해독해 아래 적어 봐요.

암호문	R§Q§D X, D§SR★D O, C■R 三R◎☆S O, C□A§ X, Q§W□ O, T§R▽§ X
해독문	X, O, O, X, O, X

06 해독한 암호문을 기반으로 범인을 찾아 적어 보세요.

어린이 탐정단이 찾은 교실을 엉망진창으로 만든 범인은 바로 _____ 입니다!

도덕 3 ▸ 사랑이 가득한 우리 집

1 '우리가족(예제).hwp' 파일을 열고 작성조건에 따라 다음 내용을 입력해 보세요.

· 실습파일 : 우리가족(예제).hwp　　·완성파일 : 우리가족(완성).hwp

◪ 사랑이 가득한 우리 집 ◪
내가 생각하는 우리 가족의 장점이에요.

❶ 할아버지　✂ 뚝딱뚝딱 물건을 잘 고쳐주세요.

❷ 할머니　　자상하시고 제가 원하는 것은 다 해주세요 ☝

❸ 아빠　　　샘킴 셰프(Chef)보다 아빠가 요리를 더 잘해요.

❹ 엄마　　　청소(清掃)랑 빨래를 잘 하세요★★★

❺ 나　　　　아빠가 요리(cook)할 때 잘 도와줘요.

❻ 누나　　　工夫(공부)를 잘해서 제가 모르는 것을 잘 알려줘요.

❼ 동생　　　애교가 많아서 너무 Cute해요.

작성조건

· **특수문자** : [문자표 입력] 대화상자에서 삽입
　– ✂ : [사용자 문자표]–[특수기호 및 딩뱃기호]
　– ☝ : [사용자 문자표]–[특수기호 및 딩뱃기호]
　– ★ : [흔글(HNC) 문자표]–[전각 기호(일반)]
　– 숫자 : [흔글(HNC) 문자표]–[원 문자 조각]
· **한자** : [한자로 바꾸기] 대화상자에서 삽입
　– **청소** : '입력 형식'–'한글(漢字)'
　– **공부** : '입력 형식'–'한글/위'

글자 모양과 문단 모양으로 여행 계획 세우기

학습목표

- 문서에 글자 모양을 설정할 수 있습니다.
- 문서에 문단 모양을 설정할 수 있습니다.

✿ **글자 모양&문단 모양** 얼굴에 화장을 하고 머리를 꾸미면 더 예뻐지는 것처럼 글자에도 글자 모양, 문단 모양을 지정하면 보기 좋은 문서를 완성할 수 있어요.

실습파일 : 나홀로 제주도 여행(예제).hwp   완성파일 : 나홀로 제주도 여행(완성).hwp

미리보기

나홀로 제주도 여행

◇ 일정 : 10월 3일 ~ 10월 7일, 4박 5일

◇ 항공 : 김포 → 제주 (06:30~07:25), 제주 → 김포 (18:10~19:10)

◇ 맛집 리스트

　- 어부피자 : 랍스터 피자가 강추, 서귀포시 성산읍 서성일로 1078-14

　- 서촌제 : 두부 품은 생 흑돼지 돈까스와 한치 품은 쫄면 추천, 제주시 한림읍
　　한림해안로 646

　- 색달식당 : 통갈치조림 유명, 서귀포시 색당중앙로 23

◇ 볼거리 리스트

　- 아쿠아플라넷 제주 : 아쿠아리움, 서귀포시 성산읍 섭지코지로 95

　- 에코랜드 : 테마공원, 제주시 조천읍 번영로 1278-169

1 제목에 글자 모양과 문단 모양 지정하기

01 '**나홀로 제주도 여행(예제).hwp**' 파일을 실행하고 제목을 마우스로 드래그하여 블록으로 지정한 후 **[서식]**
탭-**[글자 모양]**(가)을 클릭해요.

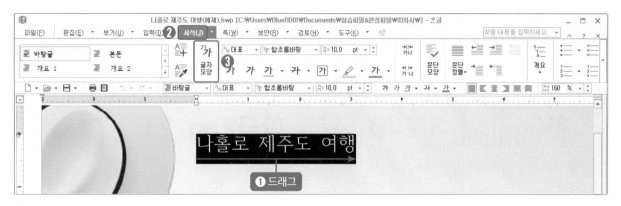

💡 Alt + L 을 눌러도 [글자 모양] 대화상자가 열려요.

02 [글자 모양] 대화상자가 나타나면 **[기본] 탭**과 **[확장] 탭**에서 다음과 같이 글꼴, 크기, 자간, 그림자, 글자 색을
지정하고 [설정]을 클릭해요.

- ❷ 43pt ❸ 경기천년제목V Bold ❹ -10% ❺ 그림자 ❻ 주황(RGB:255,102,0) ❽ 연속 ❾ X 방향(10%), Y 방향(10%)
  ❿ 하양(RGB:255,255,255)

💡 '주황(RGB:255,102,0)'은 [글자 색]-[색상 테마(▶)]에서 '오피스'로 지정
하면 설정할 수 있어요.

03 '제주도' 글자를 강조하기 위해 블록으로 지정한 후 Alt + L 을 눌러요.

04 [글자 모양] 대화상자가 나타나면 **[기본] 탭**과 **[확장] 탭**에서 글자 색, 강조점을 지정하고 [설정]을 클릭해요.

- ❸ 초록(RGB:40,155,110)

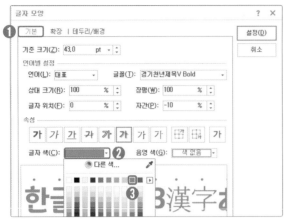 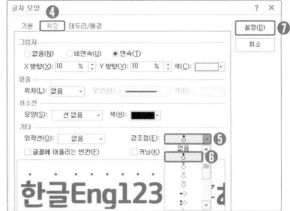

💡 '초록'은 [기본] 테마에서 지정할 수 있어요.

05 서식 도구 상자에서 가운데 정렬을 지정하면 제목이 완성돼요.

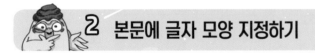

2 본문에 글자 모양 지정하기

01 본문 전체를 마우스로 드래그하여 블록으로 지정하고 서식 도구 상자에서 글꼴과 크기를 지정해요.

- 경기천년바탕 Bold, 12pt

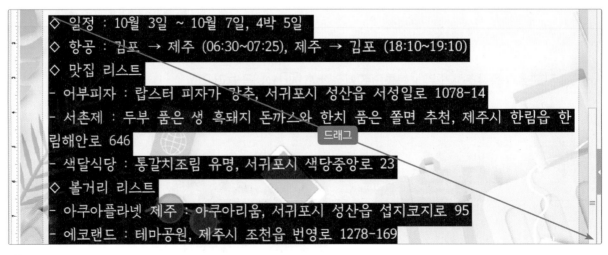

💡 Ctrl + A 를 누르면 글상자 안의 글자를 모두 블록으로 지정할 수 있어요.

02 첫 번째 줄의 '◇ **일정**' 글자를 블록으로 지정하고 서식 도구 상자에서 글자 색을 지정해요.

• ❸ 빨강(RGB:255,0,0)

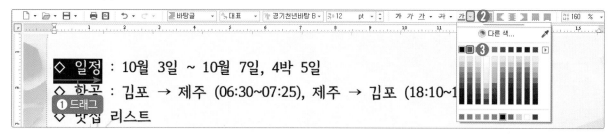

💡 '빨강'은 [오피스] 테마에서 지정할 수 있어요.

03 같은 방법으로 '◇ **항공**', '◇ **맛집 리스트**', '◇ **볼거리 리스트**'도 글자 색(빨강<RGB:255,0,0>)을 지정해요.

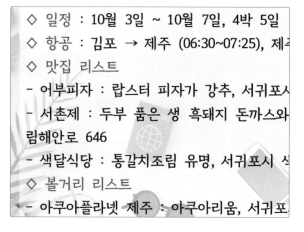

---

 ③ 본문에 문단 모양 지정하기

01 본문 전체를 마우스로 드래그하여 블록으로 지정하고 서식 도구 상자에서 **줄 간격(200%)**을 지정해요.

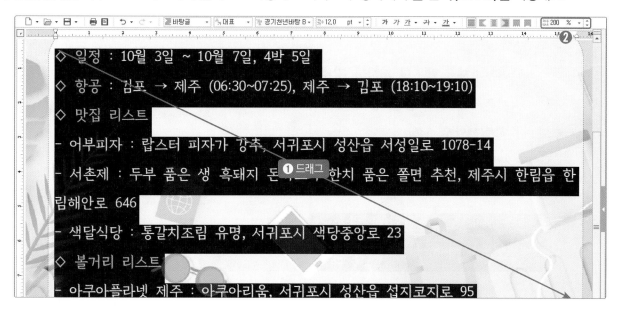

02 맛집 리스트의 하위 항목을 블록으로 지정하고 **[서식] 탭-[문단 모양]**( )을 클릭해요. [문단 모양] 대화상자가 나타나면 왼쪽 여백과 내어쓰기를 지정하고 [설정]을 클릭해요.

- ❺ 20pt ❼ 15pt

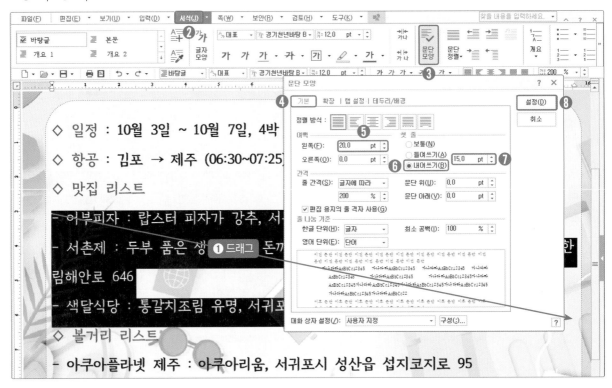

03 볼거리 리스트의 하위 항목도 같은 방법으로 블록을 지정하고 [Alt]+[T]를 클릭하여 [문단 모양] 대화상자가 나타나면 **왼쪽 여백(20pt)**을 지정한 후 [설정]을 클릭해요.

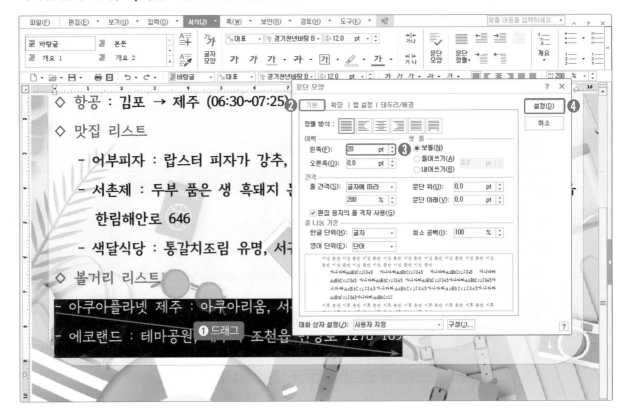

혼자서 뚝딱뚝딱

1 '봄(예제).hwp' 파일을 열고 작성조건에 따라 글자 모양과 문단 모양을 지정해 보세요.

· 실습파일 : 봄(예제).hwp　　　· 완성파일 : 봄(완성).hwp

봄

윤동주

우리 아기는
아래 발치에서 코올코올

고양이는
부뚜막에서 가릉가릉

아기 바람이
나뭇가지에서 소올소올

아저씨 해님이
하늘 한가운데서 재앵째앵.

[장면을 떠올리며 읽어요]

· 시인 '윤동주'는 일제 강점기 시대에 시를 통해 나라의 독립을 원하는 마음을 나타낸 사람이에요.
· 이 '봄'이라는 시에서 시인은 봄 풍경을 아름답게 표현해요. 봄 햇살이 쨍한 날 바람이 '소올소올' 불어오면서 아기는 '코올코올', 고양이는 '가릉가릉'하게 낮잠을 자는 평화롭고 여유로운 모습을 잘 표현했어요.
· 시를 읽는 것만으로도 따뜻한 봄날의 모습이 머릿속에서 상상돼요.

작성조건

· 시
– 전체 : 줄 간격(110%)
– 제목 : 양재튼튼체B, 35pt, 노랑(RGB:255,215,0), 그림자(연속, X 방향:20%, Y 방향:20%), 가운데 정렬
– 지은이 : 양재튼튼체B, 16pt, 오른쪽 정렬
– 시 본문 : 한컴 바겐세일 M, 20pt, 2연(왼쪽 여백 10pt), 3연(왼쪽 여백 20pt), 4연(왼쪽 여백 30pt)

· 설명글
– 전체 : 줄 간격(170%)
– 제목 : 경기천년제목 Light, 15pt, 진하게, 음영 색(노랑<RGB:255,215,0>)
– 본문 : 경기천년제목 Light, 12pt, 내어쓰기 12pt

04 문단 번호와 글머리표로 알아보는 야구 규칙

학습목표

• 문단 번호를 설정하고 문단 번호의 수준을 높이거나 낮출 수 있습니다.
• 글머리표를 삽입할 수 있습니다.
• 그림 글머리표를 삽입할 수 있습니다.

✿ 문단 번호&글머리표 여러 줄에 걸쳐 여러 개의 내용을 적을 때 문단의 맨 앞에 기호를 붙이거나 번호를 매길 수 있어요. 글머리표나 번호를 적절하게 사용하면 내용이 정리된 것처럼 깔끔하게 보여요.

실습파일 : 야구규칙(예제).hwp   완성파일 : 야구규칙(완성).hwp

미리보기

야구! 알고 보면 더 재밌는 스포츠!

⑰ 각 팀당 9명이 출전하며, 총 9회에 걸쳐 경기가 이루어진다.
⑱ 각 회마다 초와 말로 구분하고, 공격과 수비를 번갈아가며 진행한다.
⑲ 초에는 원정팀이 공격, 말에는 홈팀이 공격을 한다.
⑳ 9회말까지 점수가 무승부일 경우 연장이 진행된다.
㉑ 연장 10회에서 한 팀이 점수를 내면 경기가 종료된다.
㉒ 승패가 나지 않으면 최대 12회까지 진행한다.
㉓ 12회까지 승패가 결정되지 않으면 무승부가 된다.

점수를 얻는 방법

1. 타자가 홈에서 출발해서 1루, 2루, 3루 베이스를 밟고, 다시 홈으로 들어오면 1점을 얻는다.
2. 타자가 진루하는 방법 : 안타, 사사구(볼넷+몸에 맞는 공)

안타

☑ 안타 : 타자가 안전하게 베이스에 나아갈 수 있도록 친 타구
① 타자가 타격을 하고 1루에 진루하면 1루타
② 2루를 가면 2루타
③ 3루를 가면 3루타
④ 담장을 넘기면 홈런

사사구

☑ 볼넷과 몸에 맞는 공
① 볼이 4번 쌓이면 1루로 진루한다.
② 투수가 던진 공이 타자의 몸에 맞는 경우, 볼 카운트와 상관없이 1루로 진루한다.

중견수
좌익수
우익수
유격수
2루수
투수
3루수
1루수
타자
포수

포지션

❖ **투수** : 수비팀에서 타자에게 공을 던지는 선수
❖ **포수** : 투수가 던지는 공을 받고 홈을 지키는 선수
❖ **루수** : 1루수 2루수 3루수가 여기에 해당하며, 각자의 베이스를 중심으로 수비를 하는 선수
❖ **타자** : 공격팀 선수로 점수를 내기 위해 나온 선수, 수비팀 투수가 던진 공을 배트로 치는 선수
❖ **유격수** : 2루와 3루를 수비하는 선수
❖ **좌익수** : 왼쪽을 수비하는 선수
❖ **중견수** : 외야 한가운데를 수비하는 선수
❖ **우익수** : 오른쪽을 수비하는 선수

1 문단 번호 설정하기

01 '**야구규칙(예제).hwp**' 파일을 실행해요. 점수를 얻는 방법의 본문을 모두 마우스로 드래그하여 블록으로 지정하고 [**서식**] **탭-[문단 번호]**에서 '**1. 가. 1) 가) (1) (가) ①**'을 클릭해요.

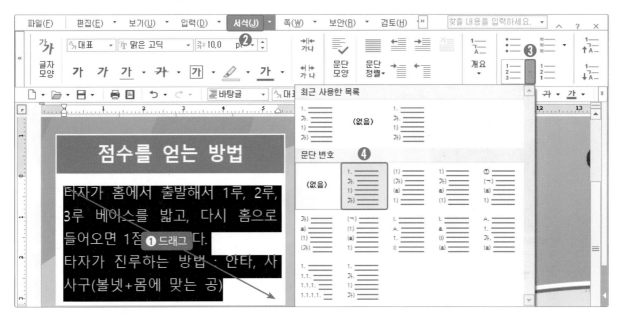

02 문단 번호가 설정된 것을 확인해요.

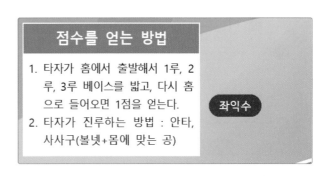

03 이번엔 안타의 종류에 문단 번호를 지정해 볼게요. 문단 번호를 지정할 부분을 블록으로 지정하고 [**서식**] **탭-[문단 번호]**에서 '**1. 가. 1) 가) (1) (가) ①**'을 클릭해요.

04 작성된 문단 번호의 모양을 바꾸기 위해 **[서식] 탭-[한 수준 감소(⬇)]**를 클릭해요. 문단 번호의 모양이 '가.' 로 바뀐 것을 확인해요. [한 수준 감소]를 한 번 더 누르면 '1)'로 변경돼요. 4번 더 눌러 '①' 모양으로 바꿔요.

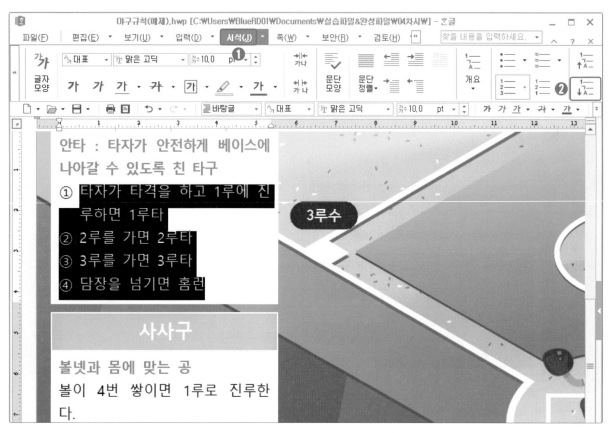

💡 '1. → 가. → 1) → 가) → (1) → (가) → ①'에서 오른쪽으로 가면 '한 수준 감소', 왼쪽으로 가면 '한 수준 증가'가 돼요.

05 같은 방법으로 사사구의 종류도 문단 번호를 원문자 숫자로 설정해요.

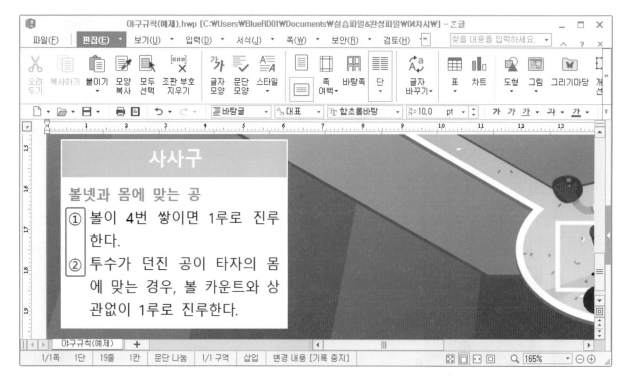

② 글머리표 설정하기

01 안타의 의미 설명에 글머리표를 삽입하기 위해 마우스로 드래그하여 블록 지정하고 **[서식] 탭-[글머리표]**에서 글머리 기호를 선택하여 삽입해요.

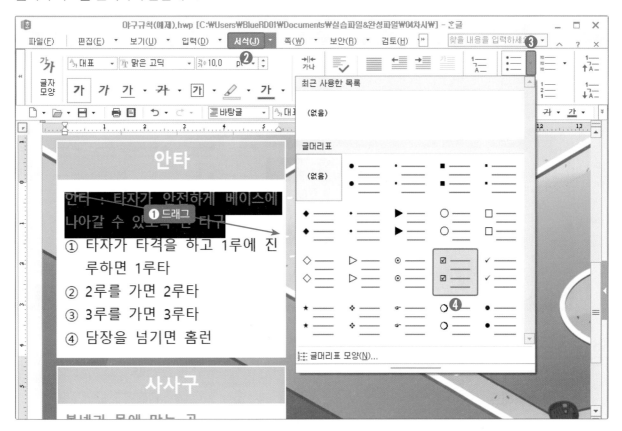

02 사사구 설명과 야구 포지션 설명글에도 같은 방법으로 글머리표를 삽입해요.

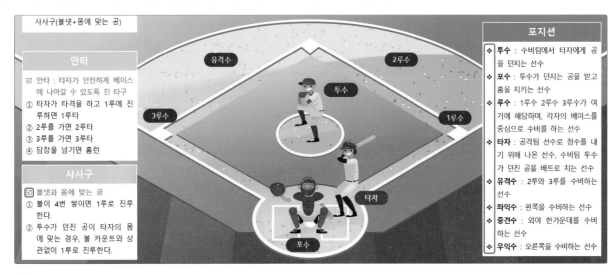

문단 번호와 글머리표를 지정하면 자동으로 내어쓰기가 되므로 별도로 설정하지 않아도 돼요.

③ 그림 글머리표 지정하기

01 야구의 규칙에 그림 글머리표를 삽입하기 위해 마우스로 드래그하여 블록 지정하고 **[서식] 탭-[그림 글머리표]-[그림 글머리표 모양]**을 클릭해요.

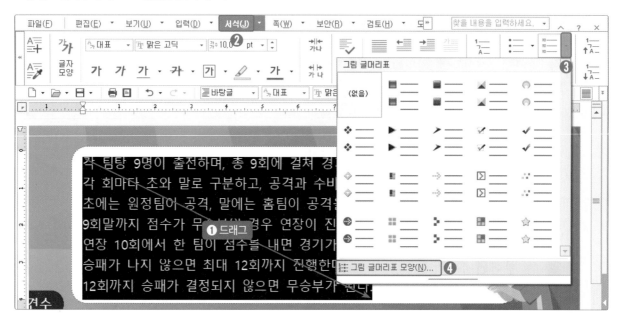

02 [문단 번호/글머리표] 대화상자가 나타나면 **[그림 글머리표] 탭**에서 야구공 모양의 글머리표를 선택한 후 [설정]을 클릭해요.

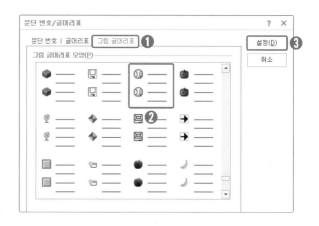

03 문단의 글머리에 야구공 모양의 글머리 기호가 삽입된 것을 확인해요.

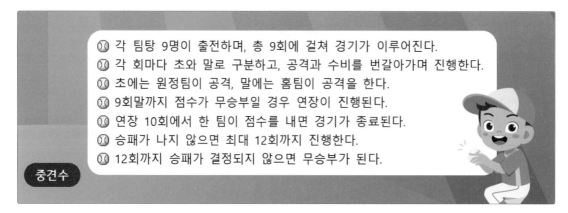

혼자서 뚝딱 뚝딱

1 '팬케이크 만들기(예제).hwp' 파일을 열고 작성조건에 따라 문단 번호와 그림 글머리표를 설정해 보세요.

· 실습파일 : 팬케이크 만들기(예제).hwp　　· 완성파일 : 팬케이크 만들기(완성).hwp

팬케이크(Pancake)

밀가루, 우유, 달걀 등으로 반죽하여 납작하게 구워낸 빵으로, 뜨거울 때 먹으면 맛있다고 하여 핫케이크라고도 불린다.

재료

☑ 밀가루 1컵
☑ 설탕 1/3컵
☑ 베이킹파우더 2작은술
☑ 소금 1작은술
☑ 우유 1/2컵
☑ 달걀 1개
☑ 식용유 약간

만드는 방법

① 밀가루를 체에 곱게 내려 준다.
② 밀가루에 소금, 설탕, 베이킹파우더를 넣는다.
③ 계란 1개와 우유를 넣어 충분히 섞는다.
④ 제일 약한 불에 팬을 올고, 식용유를 살짝 두른다.
⑤ 팬에 반죽을 한 국자 넣는다.
⑥ 윗면에 구멍이 생기면 뒤집는다.
⑦ 팬케이크가 타지 않도록 앞뒤로 노릇노릇하게 굽는다.

 작성조건

· 재료
　– 그림 글머리표 삽입
　– 왼쪽 여백 : 5pt
· 만드는 방법
　– 문단 번호 삽입 : '1. 가. 1) 가) (1) (가) ①' 삽입 후 '한 수준 감소' 적용
　– 왼쪽/오른쪽 여백 : 3pt

05 글상자로 말썽쟁이 강아지 모집글 만들기

학습목표

- 글상자를 삽입할 수 있습니다.
- 글상자에 가로 쓰기, 세로 쓰기를 설정할 수 있습니다.
- 글상자의 면 색과 선 모양을 변경할 수 있습니다.

✦ 글상자   문서를 작성할 때 글자만 있으면 심심해 보일 수 있어요. 이때 네모 모양의 글상자를 이용해 제목을 만들거나 문서 중간중간에 넣어주면 강조하여 표현할 수 있어요.

실습파일 : 말썽쟁이 강아지(예제).hwp   완성파일 : 말썽쟁이 강아지(완성).hwp

미리보기

문제 행동 반려견 개과천선 Project!

세상에 나쁜 개는 없다

EBS, 반려견 행동 치유프로그램
전국의 말썽쟁이 개들은 모두 모여라!
문제 행동의 원인을 찾고 해결하기 위해 전문가들이 뭉쳤다!

주인이 문제? 반려견이 문제?
반려견과 주인의 행동을 살펴보고, 그에 맞는 솔루션을 제공합니다.
🐾 1차 : 반려견의 문제 행동 확인
🐾 2차 : 전문가의 방문 후 훈련방법 제공
🐾 3차 : 훈련 성과에 대한 피드백

이런 사연을 가진 분은 신청해주세요!!
🐾 저에게 너무 집착해요.
🐾 똥을 싸고 먹어요.
🐾 낯선 사람만 보면 잡아 먹을 듯이 짖어요.
🐾 사람을 자꾸 깨물어요.
등등 문제 행동을 교정해 보고픈 분들 모두 신청하세요!

📧 방송 출연 신청 marine@books.kr
📧 방송 출연 신청 marine@books.kr
📧 방송 출연 신청 marine@books.kr
📧 방송 출연 신청 marine@books.kr
📧 방송 출연 신청 marine@books.kr
📧 방송 출연 신청 marine@books.kr
📧 방송 출연 신청 marine@books.kr
📧 방송 출연 신청 marine@books.kr
📧 방송 출연 신청 marine@books.kr
📧 방송 출연 신청 marine@books.kr

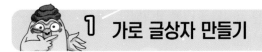

1 가로 글상자 만들기

01 '**말썽쟁이 강아지(예제).hwp**' 파일을 실행하고 제목 아래 설명글을 삽입하기 위해 [**입력**] **탭-[가로 글상자** ( )]를 선택하고 문서 창에 드래그해요.

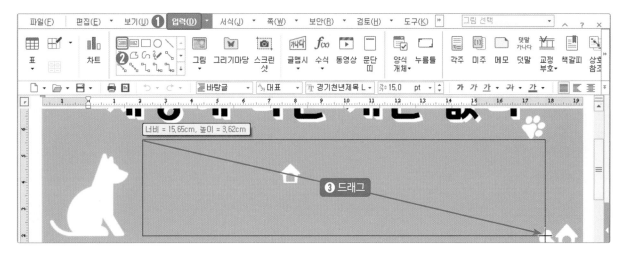

02 글상자가 만들어지면 다음과 같이 글자를 입력하고 서식 도구 상자에서 글꼴, 글자 크기, 정렬, 줄 간격을 설정해요.

- ❷ 경기천년제목 Light ❸ 19pt ❹ 오른쪽 정렬 ❺ 140%

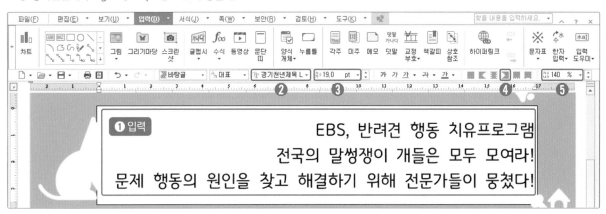

🔅 글자 크기를 조절했을 때 마지막 줄이 두 줄이 된다면 글상자의 가로 크기를 조절해요.

03 글상자를 더블 클릭하여 [개체 속성] 대화상자가 나타나면 [**선**] **탭**과 [**채우기**] **탭**에서 다음과 같이 지정하고 [설정]을 클릭해요.

- ❷ 선 없음 ❹ 색 채우기 없음

04 내용이 입력된 본문 글상자의 선 모양, 선 색을 지정하기 위해 본문 글상자를 더블 클릭해요. [개체 속성] 대화상자의 **[선] 탭**에서 선 색, 선 모양, 곡률을 지정한 후 [설정]을 클릭해요.

· **❷** 주황(RGB:255,132,58) **❸** 파선 **❹** 10%

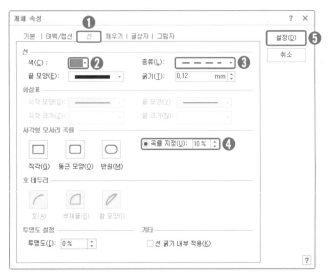

💡 '주황'은 [기본] 테마에서 삽입할 수 있어요.

05 글상자의 테두리가 변경된 것을 확인해요.

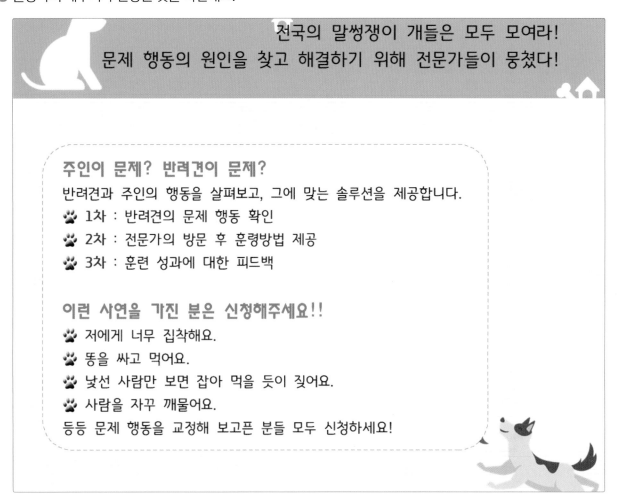

② 세로 글상자 만들기

01 세로 글상자를 만들기 위해 **[입력] 탭-[세로 글상자(🎴)]**를 선택하고 문서 창에 드래그해요.

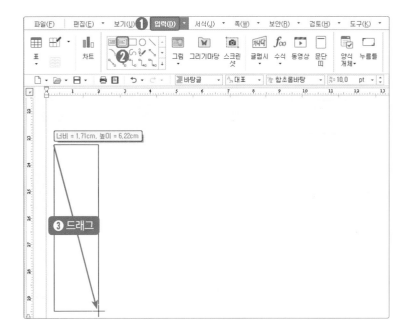

02 글상자가 만들어지면 다음과 같이 텍스트를 입력해요. 입력한 글자를 마우스로 블록 지정한 후 서식 도구 상자에서 글꼴, 글자 크기, 줄 간격을 설정해요.

- ② 한컴 윤체 M ③ 15pt ④ 140%

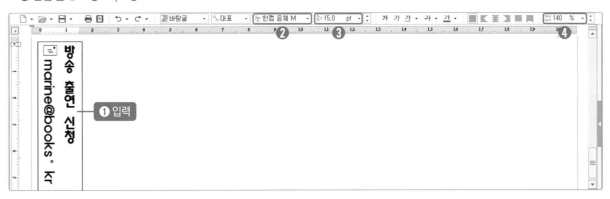

💡 특수문자는 [사용자 문자표]-[특수기호 및 딩뱃기호]에서 삽입해요.

03 '방송 출연' 글자의 색을 변경하기 위해 '방송 출연' 글자만 블록으로 지정한 후 서식 도구 상자에서 글자 색을 변경해요.

- ③ 빨강(RGB:255,0,0)

💡 '빨강'은 [오피스] 테마에서 지정할 수 있어요.

04 글상자의 크기와 선 모양을 설정하기 위해 글상자의 테두리를 더블 클릭해요. [개체 속성] 대화상자가 나타나면 **[기본] 탭**과 **[선] 탭**에서 크기와 선 모양을 지정하고 [설정]을 클릭해요.

- ❷ 18mm ❸ 63mm ❺ 이중 실선

05 완성된 글상자의 테두리를 선택하고 Ctrl + Shift +드래그하여 오른쪽으로 복사해요. 같은 방법으로 8번 더 복사해요.

💡 Ctrl + Shift +드래그를 이용하면 수직/수평으로 복사할 수 있어요.

06 첫 번째 세로 글상자를 선택하고 Shift 를 누른 상태에서 나머지 세로 글상자를 모두 선택한 후 **[도형] 탭-[맞춤]-[가로 간격을 동일하게]**를 클릭하여 글상자의 간격을 동일하게 만들면 완성이에요.

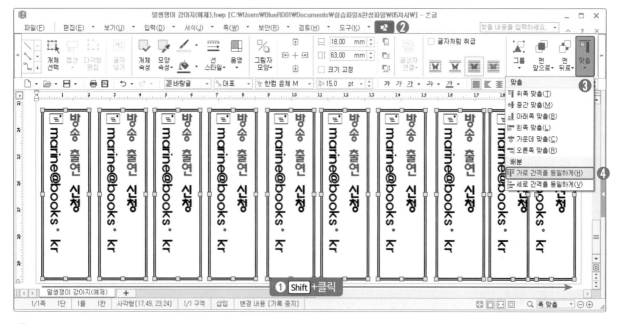

💡 첫 번째와 마지막 글상자의 위치를 먼저 정한 후 글상자를 선택해요.

혼자서 뚝딱뚝딱

1 '콩의 한살이(예제).hwp' 파일을 열고 작성조건에 따라 식물의 한살이를 완성해 보세요.

· 실습파일 : 콩의 한살이(예제).hwp　·완성파일 : 콩의 한살이(완성).hwp

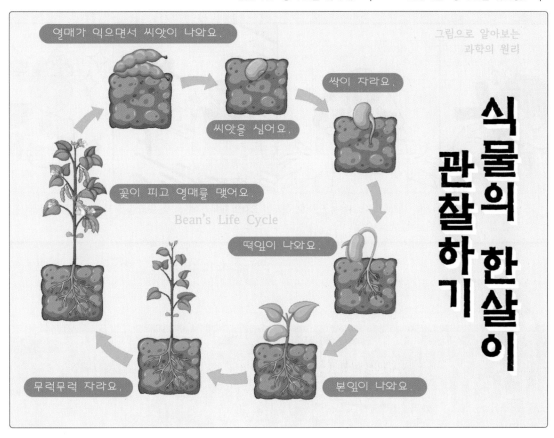

· **세로 글상자**
 – 선 없음, 색 채우기 없음
 – 양재참숯체B, 35pt, 그림자(연속), 그림자 색(하양<RGB:255,255,255>), 가운데 정렬,
　줄 간격(105%)
· **가로 글상자**
 – 선 없음, 면 색(초록<RGB:40,155,110>)
 – MD이솝체, 10pt, 하양(RGB:255,255,255), 가운데 정렬
 – Ctrl +드래그로 복사 후 배치, 글자 길이에 따라 가로 길이 조절

06 글맵시로 완성하는 나의 버킷리스트

학습목표

- 글맵시를 삽입하는 방법을 알고 제목으로 만들 수 있습니다.
- 글맵시의 모양을 다양하게 변경할 수 있습니다.

✧ 글맵시   글자를 예쁘게 꾸미는 일은 생각보다 어려울 수 있어요. 하지만 글자의 채우기 색, 선 색, 모양 등을 적용할 수 있는 글맵시를 사용하면 쉽고 빠르게 예쁜 글자를 만들 수 있어요.

실습파일 : 나의 버킷리스트(예제).hwp   완성파일 : 나의 버킷리스트(완성).hwp

미리보기

1 버킷리스트 작성하기

01 **'나의 버킷리스트(예제).hwp'** 파일을 실행해요. 버킷리스트의 내용을 먼저 작성해 볼게요. 그림 아래에 있는 글상자에 그림과 어울리는 내용을 작성해요.

💡 버킷리스트는 내가 꼭 해야 할 일이나 하고 싶은 일이에요. 책과 똑같이 작성해도 되고, 여러분이 그림을 보고 유추해 적어도 좋아요.

02 작성한 버킷리스트 항목에 글자 모양과 문단 모양을 적용해 볼게요. 첫 번째 글상자를 선택하고 Shift 를 누른 상태에서 나머지 글상자를 모두 선택해요.

💡 글상자를 모두 선택한 상태에서 글자 모양과 문단 모양을 지정하면 한 번에 변경할 수 있어요.

03 [Alt]+[L]을 눌러 [글자 모양] 대화상자가 나타나면 **[기본] 탭**에서 글꼴, 크기, 자간을 설정해요.

· ❷ 12pt ❸ 양재인장체M ❹ -5%

04 글자 모양이 변경된 것을 확인하고 서식 도구 상자에서 **가운데 정렬**과 **줄 간격(130%)**을 설정해요.

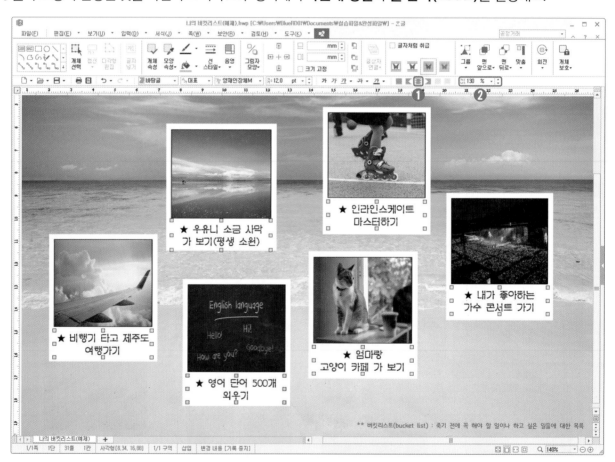

💡 글상자가 모두 선택된 상태에서 정렬과 줄 간격을 설정해요.

2 글맵시 삽입하기

01 글맵시를 삽입하기 위해 **[입력] 탭-[글맵시(가나다)]**를 클릭해요.

💡 문서 창의 배경에 커서를 놓은 후 삽입해요.

02 [글맵시 만들기] 대화상자가 나타나면 내용에 "**올해가 가기 전**", "**나의 버킷리스트★**"를 입력하고, 글꼴과 글맵시 모양을 선택한 후 [설정]을 클릭해요.

• ② 양재튼튼체B ④ 아래쪽으로 팽창

💡 '★'은 Ctrl + F10을 눌러 삽입하거나 자음 "ㅁ"을 입력하고 한자를 눌러 나타나는 [특수 문자로 바꾸기] 대화상자에서 입력해도 돼요.

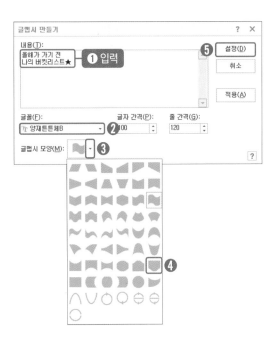

03 글맵시가 삽입되면 글맵시를 더블 클릭해요. [개체 속성] 대화상자가 나타나면 **[기본] 탭**과 **[선] 탭**에서 크기, 본문과의 배치, 선 색, 선 굵기를 지정해요.

• ② 122mm ③ 38mm ④ 글 앞으로 ⑤ 가로(종이), 세로(종이) ⑦ 하양(RGB:255,255,255) ⑧ 실선 ⑨ 0.3mm

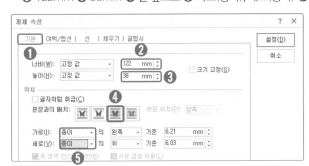 

04 [채우기] 탭과 [글맵시] 탭에서 면 색과 문단 정렬을 지정한 후 [설정]을 클릭해요.

- ❹ 노랑(RGB:255,215,0) ❻ 가운데 정렬

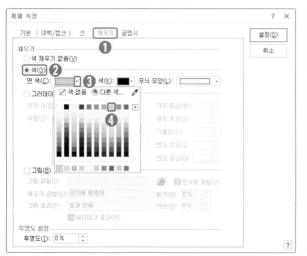 

05 완성된 글맵시를 드래그하여 그림과 같이 배치해요.

과학3-2 ▷ 사막에는 어떤 동물이 살까요?

1 '사막에 사는 동물(예제).hwp' 파일을 열고 작성조건에 따라 글맵시를 삽입해 보세요.

· 실습파일 : 사막에 사는 동물(예제).hwp   · 완성파일 : 사막에 사는 동물(완성).hwp

사막에 사는 동물

사막은 낮에는 뜨거운 햇볕이 내리쬐 너무 덥고, 밤에는 기온이 급격하게 떨어져 추울 뿐만 아니라 비가 거의 오지 않아 건조해요. 그래서 사람은 물론 동물도 살기 힘든 곳이에요. 이런 사막에도 동물이 살고 있답니다. 낮과 밤의 기온차 때문에 낮에는 대부분 땅속이나 굴에서 지내고 밤에 활동하고, 몸 색깔이 밝아요.

사막 거북

사막 여우

낙타

미어캣

· **글맵시**
  - [글맵시]-[자세히(▼)]-[채우기 – 파란색 그러데이션, 진회색 그림자, 직사각형 모양 (가나다)]
  - **글꼴 변경 :** 경기천년제목V Bold
  - **크기 :** 너비(90mm), 높이(22mm)
  - **본문과의 배치 :** 가로(종이), 세로(종이)
· **글상자에 글자 입력 :** 경기천년제목 Light, 11pt

07

언어 번역으로 완성하는 글로벌 명함

학습목표

- 한글로 입력된 문장을 영문으로 번역할 수 있습니다.
- 한글로 입력된 주소를 로마자 주소로 번역할 수 있습니다.
- 한글로 입력된 이름을 로마자로 바꿀 수 있습니다.

✿ 번역 한국어를 영어로 번역하고 싶을 때, 한국어를 로마자로 변환해야 할 때가 있죠? 한글 2016에는 번역 기능이 있어 쉽게 내가 원하는 언어로 번역할 수 있어요.

실습파일 : 글로벌 명함(예제).hwp   완성파일 : 글로벌 명함(완성).hwp

미리보기

당신의 매일이 달콤함으로 가득차길 바랍니다.

I hope your day is full of sweetness.

Team leader. Kim Jaehwan
Haengun1Gil 89-9 1Fl, Gwanak-gu, Seoul
M. 010-1234-5679
E. kingjjaeni@naver.com

당신의 매일이 달콤함으로 가득차길 바랍니다.

I hope your day is full of sweetness.

Team leader. Kim Jaehwan
Haengun1Gil 89-9 1Fl, Gwanak-gu, Seoul
M. 010-1234-5679
E. kingjjaeni@naver.com

당신의 매일이 달콤함으로 가득차길 바랍니다.

I hope your day is full of sweetness.

Team leader. Kim Jaehwan
Haengun1Gil 89-9 1Fl, Gwanak-gu, Seoul
M. 010-1234-5679
E. kingjjaeni@naver.com

1 그림과 글상자 복사하고 속성 변경하기

01 '**글로벌 명함(예제).hwp**' 파일을 실행해요. 오른쪽 직사각형을 더블 클릭하여 [개체 속성] 대화상자가 나타나면 [**채우기**] **탭**에서 '**면 색-다른 색...**'을 클릭해요. [색] 대화상자가 나타나면 RGB 값에 각각 "**252**", "**229**", "**235**"를 입력하고 설정을 클릭한 후 [개체 속성] 대화상자에서 [설정]을 클릭해요.

💡 RGB 값을 입력하면 쉽게 색상을 지정할 수 있어요.

02 그림과 글상자를 복사하기 위해 왼쪽 직사각형에 있는 그림과 글상자를 Shift를 이용하여 모두 선택해요. Ctrl+드래그하여 오른쪽 글상자로 복사해요.

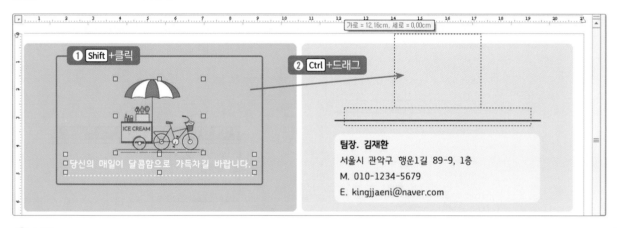

💡 Ctrl+드래그를 이용하면 쉽게 복사할 수 있어요.

03 복사된 그림의 크기를 조절하기 위해 선택하고 오른쪽 아래에서 대각선으로 드래그하여 크기를 줄인 후 그림과 같이 배치해요.

04 복사된 글상자를 선택하고 서식 도구 상자에서 글자 색을 '**검정(RGB:0,0,0)**'으로 바꿔주세요.

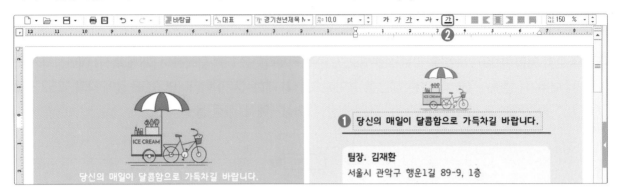

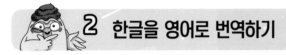
2 한글을 영어로 번역하기

01 한글로 작성된 문구(**당신의 매일이 달콤함으로 가득차길 바랍니다.**)를 블록으로 지정하고 [보기]-[작업창]-[번역]을 클릭해요.

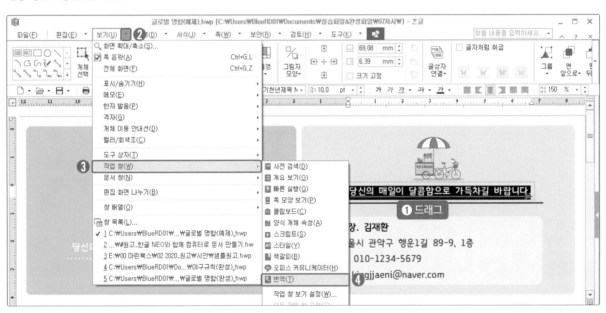

02 오른쪽에 [번역] 창이 표시되면 번역 언어를 선택해요. '**한국어(대한민국)**'을 '**영어(미국)**'으로 번역할 것이므로 다음과 같이 설정하고 [**번역**]을 클릭해요.

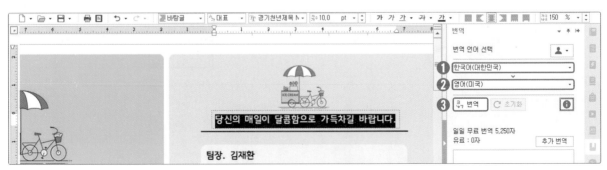

03 번역을 계속할 것인지 묻는 팝업창이 표시되면 **[번역]**을 클릭해요. [번역] 창에 번역 결과가 표시되면 결과를 클릭하고 선택하여 아래 화살표를 누르면 나타나는 바로 가기 메뉴에서 **[덮어쓰기]**를 클릭해요.

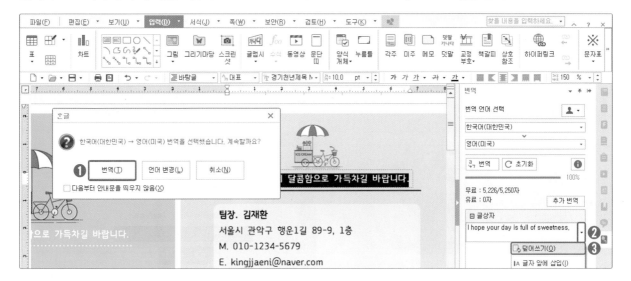

04 기존에 있던 한글이 영문으로 번역되어 표시된 것을 확인해요. 같은 방법으로 아래쪽 글상자의 '팀장' 글자도 영문으로 번역해요.

💡 '팀장.' 글자는 온점(.)을 포함하여 모두 블록으로 지정한 후 번역해요.

③ 이름과 주소를 로마자로 번역하기

01 이름과 주소도 로마자로 번역할 수 있어요. 먼저 이름을 번역해 볼게요. 이름을 블록으로 지정하고 **[입력]** 탭-[입력 도우미]-[로마자]-[사람 이름]을 클릭해요.

💡 성씨 [김]에 대한 표현을 고르라는 팝업창이 표시되면 'Kim'을 선택하고 [변환]을 클릭해요.

02 이름이 로마자로 번역된 것을 확인해요. 이번엔 주소를 번역해 볼게요. 마찬가지로 주소를 블록으로 지정하고 **[입력] 탭-[입력 도우미]-[로마자]-[주소]**를 클릭해요.

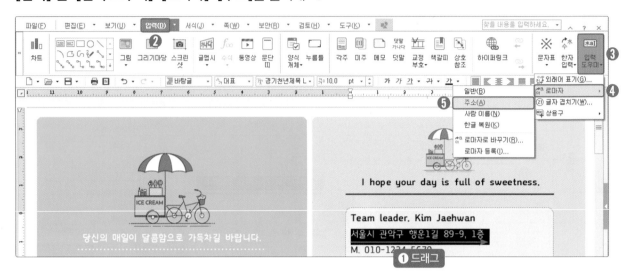

03 자동으로 주소가 번역되어 표시된 것을 확인해요.

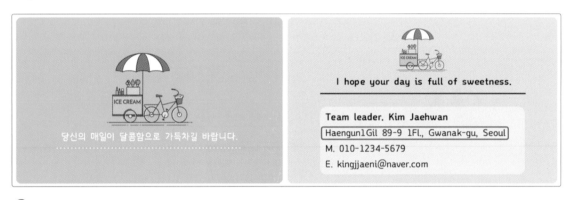

💡 번역된 결과에서 '89-9'와 '1FL.,' 글자 사이를 한 칸 띄어주세요.

04 직사각형을 선택하고 **[도형] 탭-[개체 선택]**을 클릭한 후 모든 개체가 포함되도록 드래그하여 모두 선택해요. 개체가 모두 선택되면 Ctrl + Shift +드래그로 아래쪽으로 3번 복사해 명함을 완성해요.

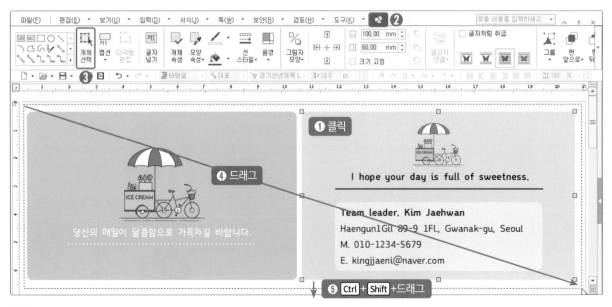

💡 [개체 선택]을 이용하면 마우스 드래그 영역 안에 포함된 모든 개체를 쉽게 선택할 수 있어요.

1 '크리스마스 편지(예제).hwp' 파일을 열고 작성조건에 따라 문장을 번역해 보세요.

· 실습파일 : 크리스마스 편지(예제).hwp · 완성파일 : 크리스마스 편지(완성).hwp

경찰관 아저씨께

The police officer.

안녕하세요? 저는 얼마 전에 경찰서에 갔던 김유주입니다.

Hello I'm Kim Yoo-joo, who went to the police station a while ago.

너무 무섭고 걱정이 됐었는데, 제 지갑을 찾아주셔서 너무 감사합니다.

It was so scary and worried, I appreciate your finding my wallet.

크리스마스를 맞이해 저희 집에 한 번 초대하고 싶어요.

I'd like to invite you to my house for Christmas.

저희집 주소는 다음과 같습니다.

We have the following address.

Muwollo6Beongil 12 9Fl., Deogyang-gu, Goyang-si, Gyeonggi-do

경찰관 아저씨 메리크리스마스입니다!

Police officer Merry Christmas!

· **영문 번역**
 – 문단 아래에 삽입
 – 글자 색 : [기본] 테마-초록(RGB:40,155,110)
· **로마자 번역**
 – [로마자]-[주소]
 – '12'와 '9Fl.' 글자 사이는 한 칸 띄우기
 – 글자 색 : [기본] 테마-주황(RGB:255,132,58)

08

액티비티

알쏭달쏭 초성게임

글자의 첫 자음을 '초성'이라고 해요. 어떤 단어나 문장의 초성만 알려주면 전체 단어나 문장을 알아맞히는 놀이인 초성게임을 해 볼까요? 누가 더 많이 맞히는지 친구들과 내기를 해 보고 이긴 사람의 소원을 들어주는 게임을 해 보세요. 재미있게 즐기면서 쉬어가는 시간을 가져 보세요.

실습파일 : 초성게임(예제).hwp   완성파일 : 초성게임(완성).hwp

미리보기

알쏭달쏭 즐거운 초성게임
GAME START
★HINT★ 과자 이름
ㅎ ㄴ ㅂ ㅌ ㅊ

알쏭달쏭 즐거운 초성게임
GAME START
★HINT★ 동물
ㅇ ㄹ ㅁ

알쏭달쏭 즐거운 초성게임
GAME START
★HINT★ TV 프로그램
ㅇ ㄴ ㅎ ㄴ

알쏭달쏭 즐거운 초성게임
GAME START
★HINT★ 애니메이션
ㄲ ㅁ ㅂ ㅅ ㅌ ㅇ

놀이 인원

✿ 개인전,
3명이 한 모둠이에요.

놀이 시간

✿ 20분

놀이 방법

❶ 각각 힌트와 초성을 입력해요.
❷ 총 10쪽의 초성게임을 만들어요.
❸ 한 명씩 돌아가면서 문제를 내요. 나머지 친구들이 정답을 맞혀요.
❹ "정답"을 먼저 외치는 친구가 답을 말할 수 있어요.
❺ 각각 10문제씩 30문제를 모두 끝냈을 때 가장 많이 맞힌 친구가
이기는 게임이에요.

✿ 초성게임의 정답은 하나가 아닐 수 있어요! 초성만 맞다면 모두 정답이에요!
(예) ㄱㅈㅎ → 김재환, 김준호, 고준희

1 힌트 글상자 삽입하고 속성 지정하기

01 '**초성게임(예제).hwp**'를 실행하고 힌트에 해당하는 글상자를 삽입하기 위해 [**입력**] 탭-[**가로 글상자(▥)**] 를 클릭해 '★HINT★' 글자 옆에 마우스로 드래그하여 삽입해요.

02 삽입된 글상자를 더블 클릭하여 [개체 속성] 대화상자가 나타나면 [**기본**] 탭과 [**선**] 탭에서 크기, 선 색, 선 모양, 굵기, 곡률을 지정하고 [설정]을 클릭해요.

- ❷ 90mm ❸ 15mm ❺ 주황(RGB:255,132,58) 10% 어둡게 ❻ 원형 점선 ❼ 0.30mm ❽ 둥근 모양

03 글상자가 선택된 상태에서 서식 도구 상자에서 글꼴, 글자 크기, 정렬을 지정한 후 초성게임의 힌트를 입력해요.

- ❶ 경기천년제목V Bold ❷ 27pt ❸ 가운데 정렬

01 초성이 입력될 글상자를 만들기 위해 **[입력] 탭-[가로 글상자( )]**를 클릭하고 문서 창에 드래그해요.

02 글상자를 더블 클릭하여 [개체 속성] 대화상자가 나타나면 **[기본] 탭**과 **[선] 탭**에서 크기, 선 색, 선 종류, 굵기, 곡률을 지정하고 [설정]을 클릭해요.

- ❷ 20mm ❸ 20mm ❺ 하늘색(RGB:97,130,214) ❻ 실선 ❼ 1.00mm ❽ 5%

03 글상자가 선택된 상태에서 서식 도구 상자에서 글꼴, 글자 크기, 글자 색, 정렬을 지정해요.

- ❶ 경기천년제목V Bold ❷ 50pt ❸ 하늘색(RGB:97,130,214) ❹ 가운데 정렬

48

04 글상자가 선택된 상태에서 정답의 개수만큼 Ctrl+Shift+드래그하여 글상자를 복사해요.

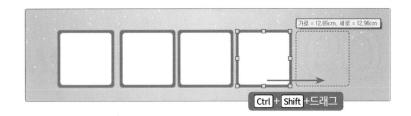

05 초성을 입력할 글상자를 모두 선택하고 **[도형] 탭-[맞춤]-[가로 간격을 동일하게]**를 설정해요.

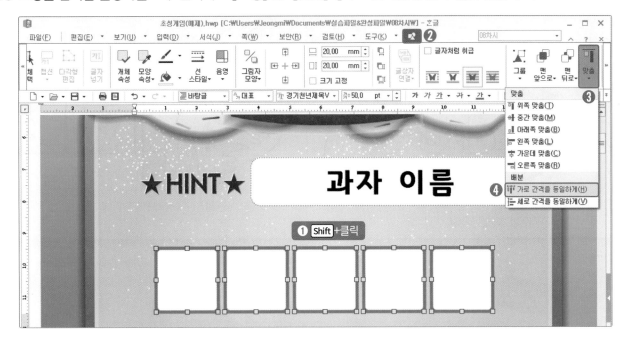

06 글상자 안에 정답의 초성을 입력해요.

💡 초성은 음절의 첫 소리인 자음을 의미해요. 예를 들어 '돌'의 초성은 'ㄷ'이에요.

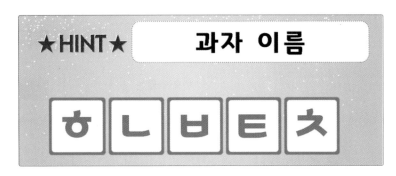

07 만든 글상자를 Shift를 눌러 모두 선택하여 Ctrl+C를 눌러 복사하고, 키보드의 Page Down을 누른 후 바로 Ctrl+V를 누르면 1쪽과 동일한 위치에 글상자가 복사돼요. 같은 방법으로 10쪽까지 모두 글상자를 복사하고 힌트와 초성을 수정해요.

💡 정답의 글자 수에 따라 글상자를 추가하거나 삭제해요.

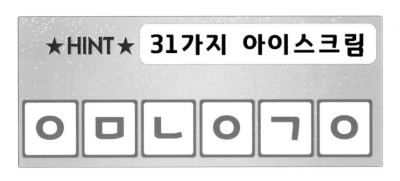

08 모두 완성되었으면 친구들과 게임을 해 보세요.

09 표로 완성하는 가로/세로 낱말 맞히기

학습목표

- 표를 삽입하고 표 높이를 조절할 수 있습니다.
- 셀 배경색을 지정할 수 있습니다.
- 표의 선 모양을 변경할 수 있습니다.

> 자료들이 정리되지 않고 뒤죽박죽 섞여 있으면 정신이 없겠죠? 자료를 표로 정리하면 깔끔하게 정리돼요. 한글에서는 표를 삽입하고 다양한 속성을 지정할 수 있어요.

실습파일 : 가로 세로 낱말 맞히기(예제).hwp   완성파일 : 가로 세로 낱말 맞히기(완성).hwp

미리보기

1 표 만들기

01 '**가로 세로 낱말 맞히기(예제).hwp**'를 실행하고 표를 삽입하기 위해 **[입력] 탭-[표(⊞)]**를 클릭해요. [표 만들기] 대화상자가 나타나면 **줄 수(7)**와 **칸 수(7)**를 입력하고 '**글자처럼 취급**'은 **선택**, '**마우스 끌기로 만들기**'는 **해제**한 후 [만들기]를 클릭해요.

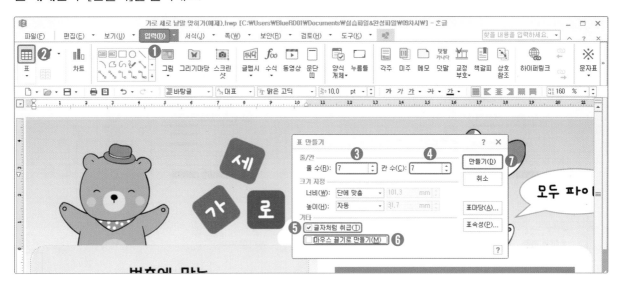

02 표가 만들어지면 표의 셀 전체를 선택하기 위해 셀 안에 커서를 놓은 후 F5를 세 번 눌러요. 표의 셀 전체가 블록으로 지정되면 Ctrl+↓를 9번 눌러 각 셀이 정사각형이 되도록 만들어요.

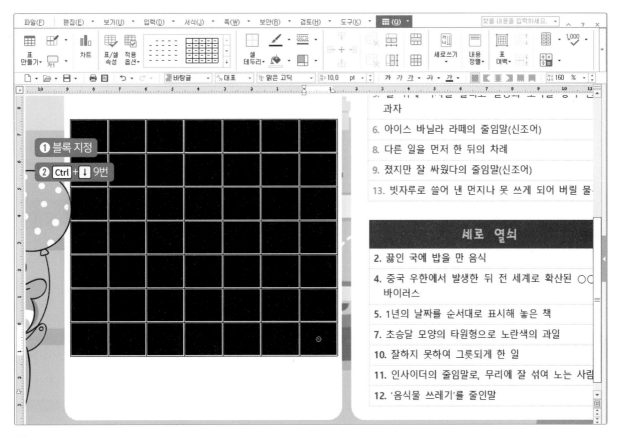

'글자처럼 취급'이 선택된 상태이므로 커서가 위치한 곳에 표가 삽입돼요.

2 **셀 테두리와 배경색 지정하기**

01 표 셀 전체가 블록으로 지정된 상태에서 키보드의 Ⓛ을 눌러요.

02 [셀 테두리/배경] 대화상자가 나타나면 **[테두리] 탭**에서 '**선 모양 바로 적용**'의 **체크를 해제**한 후 테두리를 지정한 다음 [설정]을 클릭해요.

　・❸ 실선 ❹ 0.5mm ❺ 바깥쪽 ❻ 점선 ❼ 0.12mm ❽ 안쪽 세로 ❾ 안쪽 가로

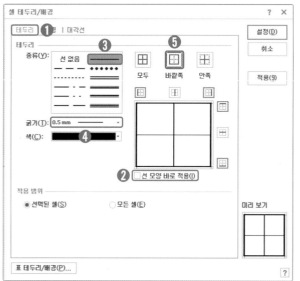 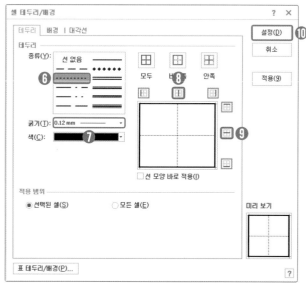

💡 ・블록으로 지정 후 마우스 오른쪽 버튼을 클릭하고 바로 가기 메뉴에서 [셀 테두리/배경]-[각 셀마다 적용]을 클릭해도 돼요.
　・'선 모양 바로 적용'의 체크를 해제하면 한번에 다른 선 모양을 지정할 수 있어요.

03 Esc를 눌러 표의 선 모양이 적용된 것을 확인해요.

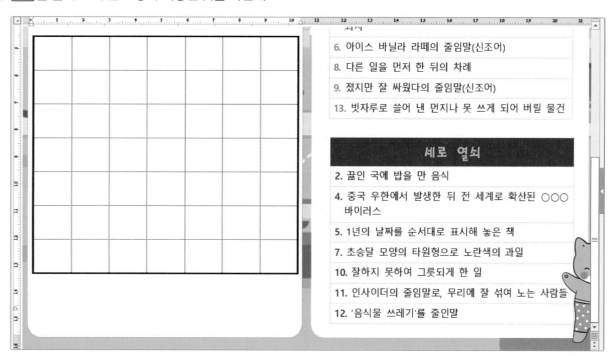

04 표 안에 답이 적히지 않을 셀에 배경색을 지정해 볼게요. 첫 번째 줄의 다섯 번째 칸에 커서를 놓고 두 번째 줄로 마우스를 드래그해요.

05 `Ctrl`을 누른 상태에서 셀 배경색을 지정할 다른 셀을 클릭한 후 키보드의 `C`를 눌러요.

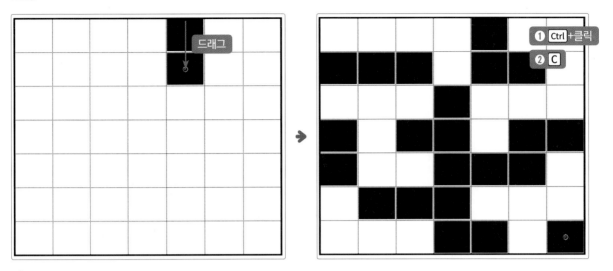

💡 `Ctrl`을 누른 상태에서 클릭 또는 드래그하면 떨어져 있는 여러 셀들을 블록으로 지정할 수 있어요. 만약 블록 지정이 잘못되었다면 `Esc`를 눌러 블록 지정을 해제하고 다시 하세요.

06 [셀 테두리/배경] 대화상자가 나타나면 **[배경] 탭**에서 **'색'–'면 색'**에서 색을 지정하고 [설정]을 클릭해요.

• 보라(RGB:157,92,187) 60% 밝게

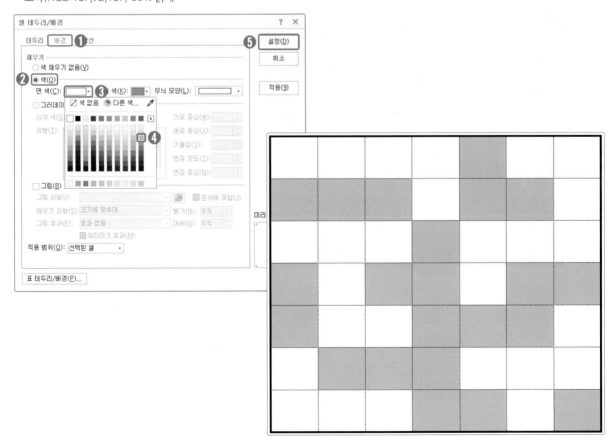

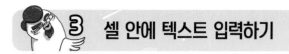

01 그림과 같이 셀 안에 텍스트를 입력해요.

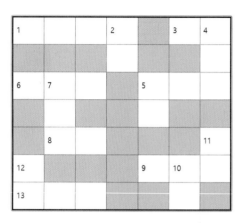

02 세로 가운데 입력된 문제 번호를 셀의 위쪽으로 정렬하기 위해 표의 셀 안에 커서를 놓은 후 F5 를 세 번 눌러 블록으로 지정하고 **[표] 탭-[내용 정렬]-[세로 정렬]-[세로 위로 정렬]**을 클릭해요.

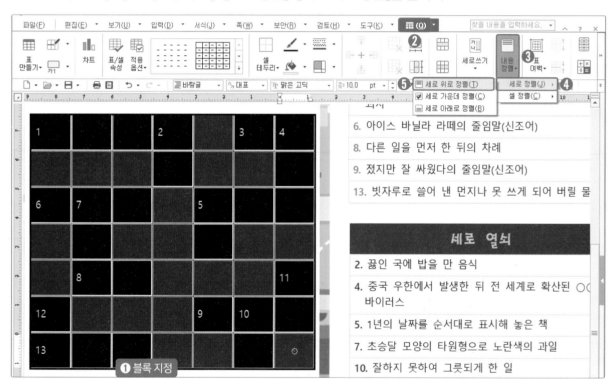

03 표가 모두 완성되었어요. 오른쪽의 가로, 세로 문제를 확인하고 답을 적어 친구들과 맞춰보세요.

　💡 가로세로 낱말 퀴즈의 정답은 [09차시] 폴더에서 확인하세요.

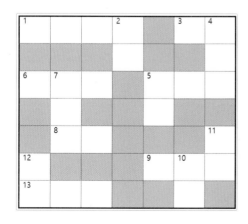

겨울 2-2 ▶ 다른 나라의 음식

1 '세계의 음식(예제).hwp' 파일을 열고 작성조건에 따라 표를 이용하여 문서를 작성해 보세요.

· 실습파일 : 세계의 음식(예제).hwp　　· 완성파일 : 세계의 음식(완성).hwp

- **글맵시**
  - **채우기** : 밤색 그러데이션, 연황토색 그림자, 아래로 넓은 원통 모양
  - **글꼴** : HY산B
- **표**
  - 11줄 10칸
  - **행 높이 조절** : 짝수 번째 줄은 해당 줄 전체를 블록으로 지정하여 글자 크기 '5pt'로 지정 후 높이 조절
  - **선 모양** : 굵은 실선(0.4mm), 점선(0.12mm), 선 없음
  - **글자 모양&문단 모양** : 한컴 백제 B, 13pt, 가운데 정렬

10

학습목표

표 편집으로 완성하는 먼슬리 플래너

- 표를 삽입하고 표 높이를 조절할 수 있습니다.
- 색 골라내기 기능을 활용하여 셀 배경색을 지정할 수 있습니다.
- 표 안에 텍스트를 입력하고 편집할 수 있습니다.

✿ **표 편집** 표는 다양한 기능들을 활용하여 예쁘게 꾸밀 수 있어요. 색 골라내기 기능을 이용하여 셀 배경색을 바꾸고, 여백 기능을 활용하여 표 안의 여백을 조절하는 등 다양한 기능들을 활용할 수 있어요.

실습파일 : 플래너(예제).hwp   완성파일 : 플래너(완성).hwp

미리보기

10월(october)

월	화	수	목	금	토	일
1	2	3 개천절 쉬는 날♥	4	5	6 하랑이랑 PC방	7
8	9 한글날 쉬는 날♥	10	11	12 가족여행(제주도)	13 가족여행(제주도)	14 가족여행(제주도)
15 운동회 비야 오지마라..	16	17	18 엄마&아빠 결혼기념일	19	20	21
22	23 곰이 생일	24 사회 수행평가	25 과학 수행평가	26 가을 소풍	27	28
29	30	31	밀크티 먹고 싶으다			

1 표 삽입하고 셀 크기 조절하기

01 '플래너(예제).hwp' 파일을 실행하고 표를 삽입하기 위해 2쪽에 커서를 놓은 후 **[입력] 탭-[표(▦)]**를 클릭해요. [표 만들기] 대화상자가 나타나면 **줄 수(6)**와 **칸 수(7)**를 입력하고 '**글자처럼 취급**'은 **해제**, '**마우스 끌기로 만들기**'는 **체크**한 후 [만들기]를 클릭해요.

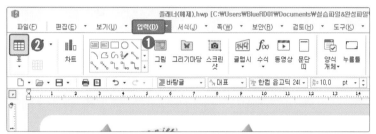

02 마우스 포인터가 '▧'로 바뀌면 드래그하여 표를 만들어요.

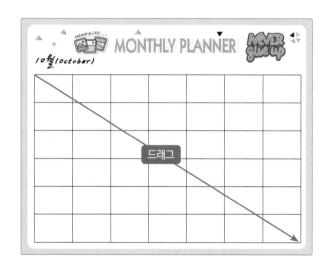

03 표가 만들어지면 첫 번째 줄의 셀 높이를 줄이기 위해 마우스로 첫 번째 줄을 드래그하여 블록으로 지정한 후 Ctrl+↑를 눌러 높이를 적당히 줄여주세요.

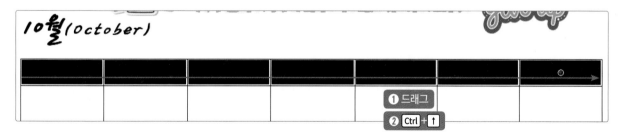

04 표 테두리를 선택하고 아래 가운데 크기 조절점을 아래쪽으로 드래그하여 줄어든 표 전체의 높이를 키운 후 Esc를 눌러 표 선택을 해제해요.

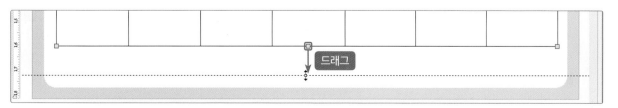

② 색 골라내기로 셀 배경색 지정하기

01 셀 배경색을 지정하기 위해 첫 번째 줄의 첫 번째 셀에 커서를 놓고 F5를 눌러 블록으로 지정한 후 Ctrl을 누른
상태에서 **세 번째, 다섯 번째, 일곱 번째** 셀을 선택한 다음 키보드의 C를 눌러요.

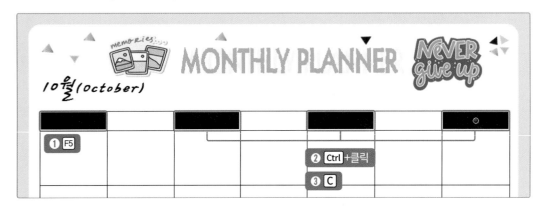

02 [셀 테두리/배경] 대화상자가 나타나면 **[배경] 탭**에서 '색'-'면 색'의 [⬜▾]을 선택하여 **[색 골라내기
(🖉)]**를 클릭해요.

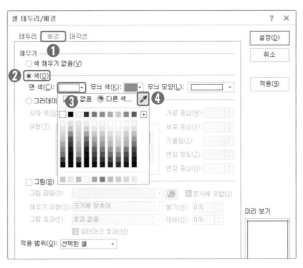

🔆 색 골라내기를 하기 전 상황 선의 화면
확대/축소 배율을 조절해 3쪽이 문서
창에 보이도록 해주세요.

03 마우스 포인터가 스포이드 모양으로 바뀌면 3쪽의 'MONDAY' 글자의 배경 위에 마우스 포인터를 가져가 클릭
하여 색을 선택해요. 스포이드가 위치한 곳의 색깔이 왼쪽 상단에 표시되어 세밀하게 선택할 수 있어요.

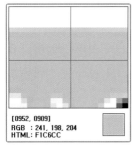

🔆 색 골라내기 기능을 활용하면 색상 값을 모르더라도 원하는 색을 선택하여 사용할 수 있어요.

04 면 색이 지정한 색으로 변경되면 [설정]을 클릭해요.

05 같은 방법으로 **두 번째, 네 번째, 여섯 번째 셀**도 색 골라내기 기능을 활용해 3쪽의 'TUESDAY'의 배경색으로 지정해요.

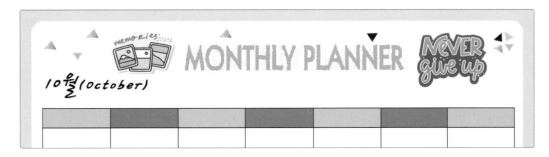

 ③ 글자 입력하고 속성 설정하기

01 첫 번째 줄 전체를 마우스로 드래그하여 블록으로 지정한 후 서식 도구 상자에서 글꼴, 글자 크기, 글자 색, 정렬을 지정하고 첫 번째 줄의 각 셀에 요일을 입력해요.

- ❷ 경기천년제목 Medium ❸ 13pt ❹ 하양(RGB:255,255,255) ❺ 가운데 정렬

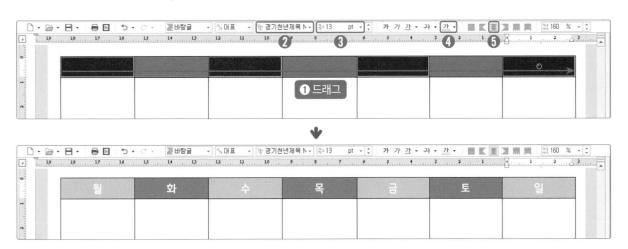

02 두 번째 줄부터 여섯 번째 줄까지 모두 블록으로 지정하고 **글꼴(경기천년제목 Medium)**을 지정한 후 P를 눌러요.

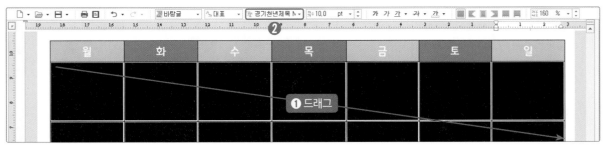

💡 블록 지정된 상태에서 마우스 오른쪽 버튼을 눌러 바로 가기 메뉴에서 [표/셀 속성]을 클릭해도 돼요.

03 [표/셀 속성] 대화상자가 나타나면 **[셀] 탭**에서 속성을 지정하고 [설정]을 클릭해요.

· ❸ 1.0mm ❹ 위

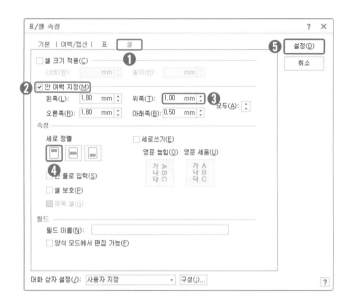

04 각 셀에 다음과 같이 날짜를 입력해요.

05 토요일과 일요일, 공휴일에 해당하는 날짜는 글자 색을 변경해요. 기념일이나 행사, 일정 등을 입력하고 글자 색을 변경해요.

· 토요일 : 하늘색(RGB:97,130,214), 일요일/공휴일 : 주황 (RGB:255,132,58)

💡 일정은 자유롭게 입력하고, 글자 색도 마음대로 변경해도 좋아요.

월	화	수	목	금	토	일
1	2	3 개천절 쉬는 날♥	4	5	6 하쌍이랑 PC방	7
8	9 한글날 쉬는 날♥	10	11	12 가족여행(제주도)	13 가족여행(제주도)	14 가족여행(제주도)
15 운동회 비야 오지마라..	16	17	18 엄마&아빠 결혼기념일	19	20	21
22	23 공이 생일	24 사회 수행평가	25 과학 수행평가	26 가을 소풍	27	28
29	30	31	밀크티 먹고 싶으다			

06 4쪽에 있는 스티커를 Ctrl+드래그하여 복사해 크기를 조절하고 자유롭게 배치해 플래너를 완성해요.

💡 화면 확대를 [두 쪽]으로 설정하면 쉽게 스티커를 복사하여 배치할 수 있어요.

가을 2-2 ▶ 마음을 전해요

1 '독서기록장(예제).hwp' 파일을 열고 작성조건에 따라 표를 이용하여 문서를 작성해 보세요.

· 실습파일 : 독서기록장(예제).hwp   · 완성파일 : 독서기록장(완성).hwp

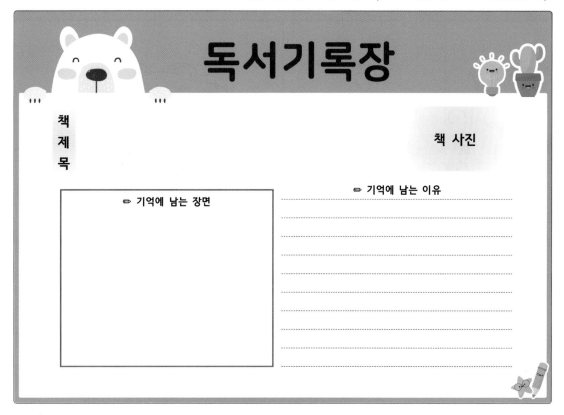

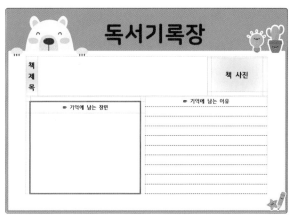

- 표 삽입
  - 위쪽 이미지를 참고하여 표 삽입 후 셀 테두리 지정 : '이중 실선', '파선', '선 없음' 사용
  - 표의 너비와 높이를 좁게 만들어야 하는 셀은 글자 크기를 '1pt'로 설정
  - 셀 배경 색에 그러데이션 지정 : '유형 – 가운데에서' – '원형',
    시작 색 – 노랑(RGB:255,255,0), 끝 색 – 하양(RGB:255,255,255)
- **텍스트** : 함초롬돋움, 15~20pt, 진하게
- **문자표** : [유니코드 문자표]–[딩뱃 기호]

11 차트를 활용한 어린이날 이야기

학습목표
- 표의 데이터를 이용하여 차트를 만들 수 있습니다.
- 차트의 속성을 변경할 수 있습니다.

✿ 차트   차트는 표의 내용을 그림으로 나타낸 것으로, 그래프라고도 해요. 표의 자료를 차트로 나타내면 한눈에 알아보기 편리해요.

실습파일 : 어린이날 이야기(예제).hwp   완성파일 : 어린이날 이야기(완성).hwp

미리보기

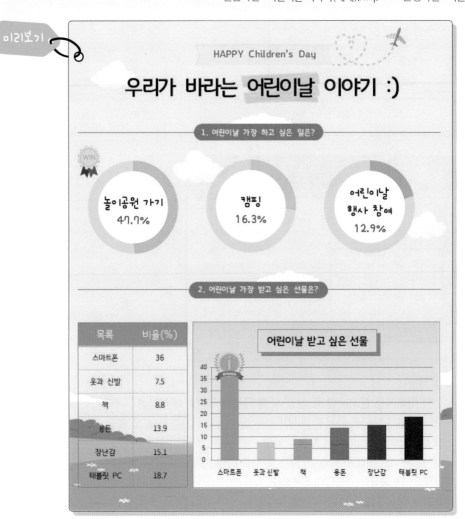

목록	비율(%)
스마트폰	36
옷과 신발	7.5
책	8.8
용돈	13.9
장난감	15.1
태블릿 PC	18.7

1 차트 삽입하기

01 '**어린이날 이야기(예제).hwp**' 파일을 실행하고 차트를 만들기 위해 표 전체를 블록으로 지정한 후 [**표**] **탭-[차트( )]**를 클릭해요.

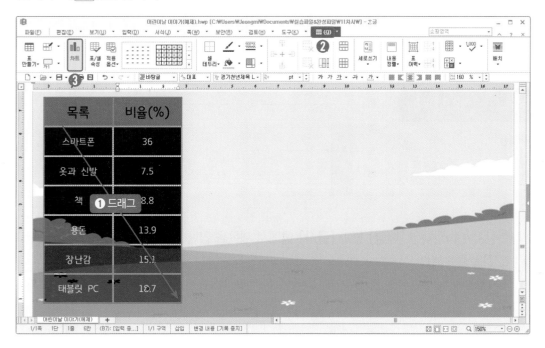

02 기본 차트가 만들어지면 마우스로 드래그하여 표 오른쪽으로 이동한 후 크기 조절점을 이용하여 차트의 크기를 그림과 같이 조절해요.

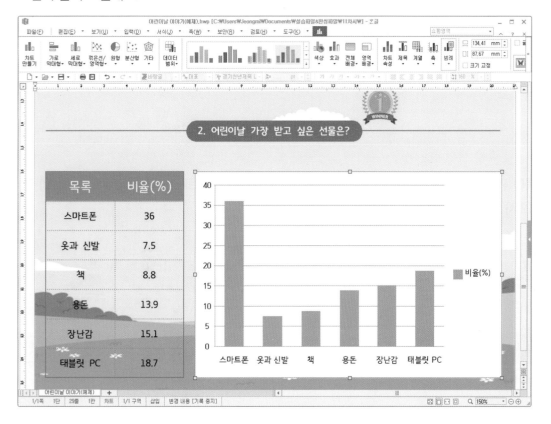

② 차트 속성 설정하기

01 차트의 제목을 설정하기 위해 차트를 클릭하여 선택하고 **[차트] 탭-[제목]-[제목 모양]**을 클릭해요.

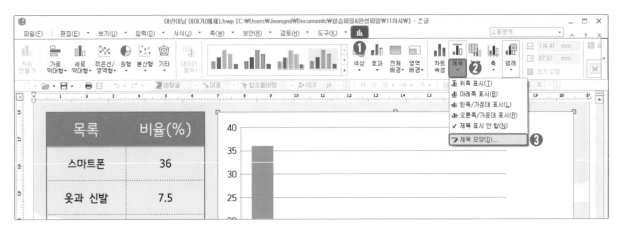

02 [제목 모양] 대화상자가 나타나면 **[배경] 탭**과 **[글자] 탭**에서 제목을 입력하고 선 모양, 그림자, 글꼴, 크기 등을 지정한 후 [설정]을 클릭해요.

　• ❷ 한 줄로 ❸ 그림자 ❺ 어린이날 받고 싶은 선물 ❻ 경기천년제목 Medium ❼ 16pt

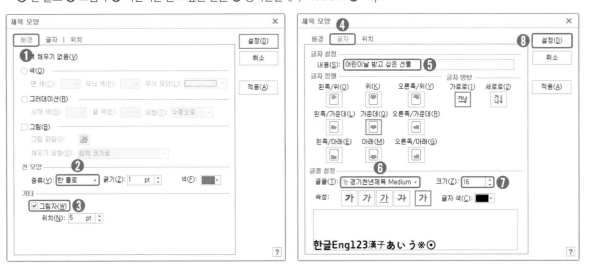

03 차트의 제목이 만들어진 것을 확인해요. 이번엔 범례를 없애기 위해 차트가 선택된 상태에서 **[차트] 탭-[범례]-[범례 표시 안 함]**을 클릭해요.

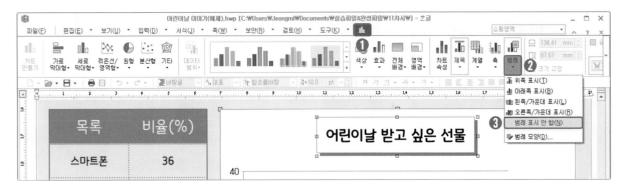

3 차트의 배경색 지정하기

01 배경색을 설정하기 위해 **[차트] 탭–[전체 배경]–[배경 – 연두색/노란색 그러데이션]**을 클릭해요.

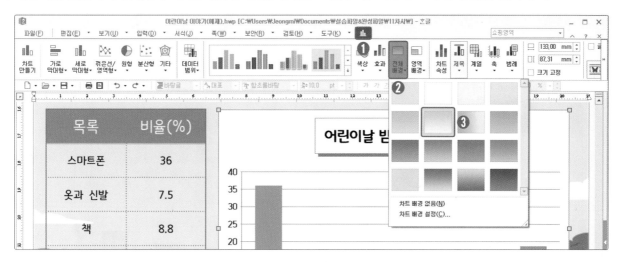

02 막대그래프의 색상을 변경하기 위해 차트를 클릭하여 선택하고 **[차트] 탭–[색상]–[초록색/붉은색 혼합 색조 (나비)]**를 클릭해요.

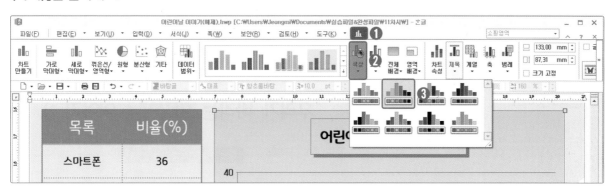

💡 한글 프로그램의 세부 버전에 따라 색이 변경되지 않을 수도 있어요.

03 막대그래프의 색과 차트 전체 배경색이 변경된 것을 확인해요.

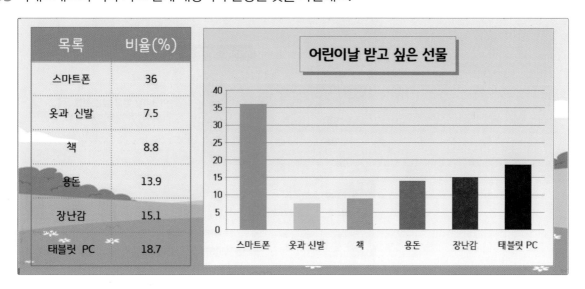

4 차트 꾸미기

01 소제목 옆의 WINNER 이미지를 드래그하여 어린이날 가장 받고 싶은 선물 1위인 스마트폰 위에 배치해요. 막대그래프의 크기에 맞도록 이미지의 크기를 조절해요.

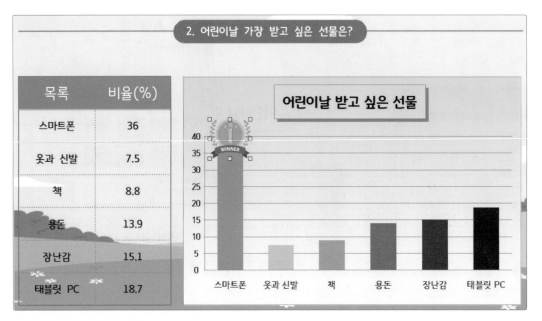

02 어린이날 가장 하고 싶은 일과 가장 받고 싶은 선물이 표시된 포스터가 완성되었어요.

1 '리듬체조(예제).hwp' 파일을 열고 작성조건에 따라 차트를 이용하여 문서를 작성해 보세요.

· 실습파일 : 리듬체조(예제).hwp   · 완성파일 : 리듬체조(완성).hwp

연아의 리듬체조 이야기━━━━

리듬체조 선수인 연아는 이번 전국체전에서 훌라후프, 리본, 공, 곤봉 경기에 참가했다.
처음 대표로 선발되어 출전한 경기라 너무 떨렸지만
훌라후프와 리본 종목에서는 실수를 하지 않고
최선을 다해 경기를 해서 각각 8.5점과 9.0점이라는 높은 점수를 받았다.
하지만 공 종목에서는 공을 높이 띄웠다가 받지 못하는 실수를 해 7.5점을 받았고,
곤봉에서는 곤봉을 떨어뜨려서 6.0점을 받았다.
비록 상을 받지는 못했지만 실수에도 포기하지 않고
완주했다는 점에서 칭찬 받을만하다.

종목	훌라후프	리본	공	곤봉
점수	8.5	9.0	7.5	6.0

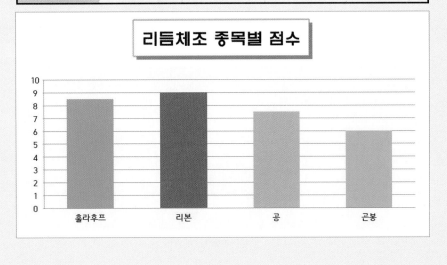

리듬체조 종목별 점수

· 표
  – 연아의 이야기를 읽고 각 종목별 점수 입력
· 차트
  – 표를 이용하여 차트 삽입
  – **데이터 범위** : 행
  – **영역 배경** : 연노란색
  – **색상** : 파스텔색조(한컴오피스)
  – **차트 제목** : 위쪽 표시, 선 모양(두 줄로), 그림자(5pt), 양재튼튼체B, 18pt
  – **범례** : 범례 표시 안 함

12 그림으로 올바른 손씻기 홍보물 만들기

학습목표

- 그림을 삽입할 수 있습니다.
- 그림의 배치를 바꾸고 위치를 변경할 수 있습니다.
- 그림의 크기를 변경할 수 있습니다.

✿ 그림　　한글 2016에서는 미리 준비된 그림 파일을 삽입하여 문서를 예쁘게 꾸밀 수 있어요.

실습파일 : 손씻기 홍보물(예제).hwp, 이미지 파일(손씻기 배경, 손씻기01~07)　　완성파일 : 손씻기 홍보물(완성).hwp

미리보기

올바른 손씻기

☰ 감염병 예방은 내 손으로!!
☰ 30초 이상 올바른 손씻기는 감염병을 절반으로 줄일 수 있습니다.

3. 손바닥과 손등을 마주대고 문질러요.

4. 손가락을 깍지를 껴서 문질러요.

5. 손가락을 마주 잡고 문질러요.

2. 손바닥과 손바닥을 마주대고 문질러요.

6. 엄지손가락을 다른 편 손가락으로 돌려주면서 문질러요.

1. 손에 물을 묻히고 비누를 파요.

7. 손가락을 반대편 손바닥에 놓고 문지르며 손톱 밑을 깨끗하게 해요.

1 편집 용지 설정하기

01 '**손씻기 홍보물(예제).hwp**' 파일을 실행하고 가로로 긴 홍보물을 만들기 위해 **[파일]-[편집 용지(F7)]**를 클릭해요. [편집 용지] 대화상자가 나타나면 **[기본] 탭**에서 용지 종류, 용지 방향, 용지 여백을 지정하고 [설정]을 클릭해요.

- ❷ 사용자 정의 ❸ 216mm ❹ 297mm ❺ 가로
  ❻ 모두 0mm

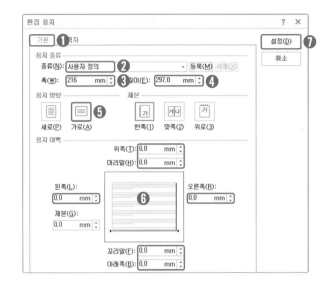

2 배경 그림 삽입하기

01 문서의 배경으로 그림을 삽입하기 위해 본문에 커서를 놓은 후 **[입력] 탭-[그림(🖼)]**을 클릭해요.

💡 글상자 안에 커서가 위치한 상태에서 그림을 삽입하지 않도록 주의해요.

02 [그림 넣기] 대화상자가 나타나면 그림이 위치한 **[12차시] 폴더**에서 '**손씻기 배경.png**'를 선택하고, 옵션에서 '**문서에 포함**'에 **체크**, '**글자처럼 취급**'은 **체크 해제**, '**마우스로 크기 지정**'을 **체크**한 후 [넣기]를 클릭해요.

💡 폴더에 그림이 보이지 않으면 '파일 형식'을 '모든 그림 파일'로 선택해요.

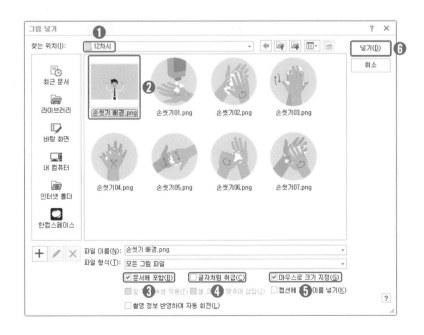

03 화면 크기에 맞춰 마우스로 드래그하여 이미지를 삽입해요.

💡 화면 확대를 조절하여 문서 전체가 한 화면 안에 보이도록 한 후 삽입하면 편해요.

04 그림이 삽입되면 그림이 배경으로 사용될 수 있도록 그림을 더블 클릭하여 [개체 속성] 대화상자가 나타나면 **[기본] 탭**에서 크기, 본문과의 배치를 지정한 후 [설정]을 클릭해요.

- ❷ 297mm ❸ 216mm ❹ 글 뒤로
  ❺ '종이'의 '왼쪽' 0.00mm ❻ '종이'의 '위' 0.00mm

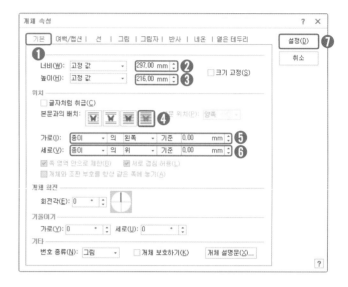

05 배경 그림 위로 제목과 텍스트가 모두 표시되는 것을 확인해요.

본문 그림 삽입하기

01 본문 그림을 삽입하기 위해 **[입력]**
탭-[그림(　)]을 클릭해요. [그림
넣기] 대화상자가 나타나면 그림이
위치한 **[12차시] 폴더**에서 '**손씻기
01.png**'를 선택하고, 옵션에서 '**문
서에 포함**'에 **체크**, '**글자처럼 취급**'
은 **체크 해제**, '**마우스로 크기 지정**'
을 **체크**한 후 [넣기]를 클릭해요.

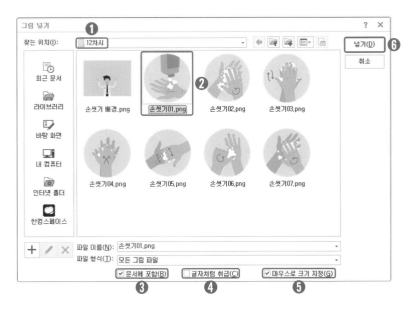

02 손씻기의 1번 과정에 해당하는 그림
이므로 1번 글자 옆에 마우스를 드
래그하여 그림을 삽입해요.

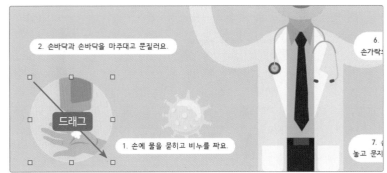

03 같은 방법으로 '손씻기02'~'손씻기07' 그림을 다음과 같이 삽입해요.

04 삽입된 그림의 크기를 변경하기 위해 첫 번째 이미지를 클릭하고 [Shift]를 누른 상태에서 나머지 그림을 모두 선
택한 후 [그림] 탭에서 [너비]와 [높이]를 지정해요.

- ❷ 45.72mm ❸ 45.72mm

- 간단한 설정은 도구 상자를 이용하면 편해요.
  - [너비] 값을 입력하고 [Enter]를 누른 후 다시 [높이] 값을 입력하고 [Enter]를 눌러요.

05 그림 편집이 완료되어 올바른
손씻기 문서가 완성되었어요.

혼자서 뚝딱뚝딱

1 '액자(예제).hwp' 파일을 열고 작성조건에 따라 액자를 만들어 보세요.

· 실습파일 : 액자(예제).hwp, 이미지 파일(여름방학 사진, 장식1~장식7)　　· 완성파일 : 액자(완성).hwp

여름방학 때
공원에 다녀온 날

작성
조건

· 이미지 삽입
  – **여름방학 사진.jpg** : '글자처럼 취급' 해제, 마우스로 크기 지정
  – **장식1~7.png** : 글 앞으로, 가로(종이), 세로(종이)
· 글상자 삽입
  – HY엽서M, 15pt, 주황(RGB:255,132,58), 가운데 정렬, 줄 간격(110%)

13

학습목표

그림 효과로 오리 가족 나들이 표현하기

- 그림을 삽입하고 다양한 효과를 적용할 수 있습니다.
- 삽입한 그림의 대칭 효과를 적용할 수 있습니다.
- 그림의 배경을 투명하게 만들 수 있습니다.

★ **그림 효과**　　문서에 삽입한 그림에 다양한 효과를 주면 문서를 보다 효과적으로 꾸밀 수 있어요.

실습파일 : 오리가족(예제).hwp, 이미지 파일(구름1~2, 꽃과풀, 아기오리1~4, 엄마오리)　　완성파일 : 오리가족(완성).hwp

미리보기

1 그림 삽입하기

01 '오리가족(예제).hwp' 파일을 실행하고 [입력] 탭-[그림(🖼️)]을 눌러 [13차시] 폴더에서 그림(구름1~2, 꽃과풀, 아기오리1~4, 엄마오리)을 모두 선택하여 삽입해요.

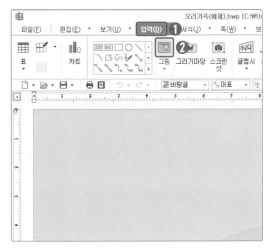
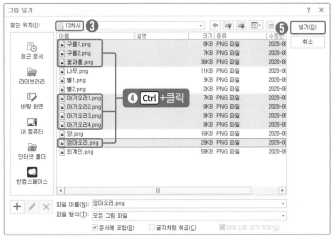

💡 Shift 나 Ctrl 을 이용하면 한꺼번에 여러 개의 그림을 삽입할 수 있어요.

02 다음과 같이 삽입된 그림을 배치해요. '꽃과풀.png' 파일은 Ctrl+드래그하여 복사한 후 왼쪽과 오른쪽에 배치해요.

💡 • '엄마오리' 이미지가 2쪽에 삽입되면 더블 클릭하여 [기본] 탭에서 위치를 '가로'-'종이', '세로'-'종이'로 설정해요.
   • '아기오리3' 이미지가 '엄마오리' 뒤쪽으로 배치되면 '아기오리3'을 클릭하고 [그림] 탭-[맨 앞으로]-[맨 앞으로]를 설정해요.

2 구름 이미지에 네온 효과 적용하기

01 왼쪽 구름을 더블 클릭하여 [개체 속성] 대화상자가 나타나면 [네온] 탭에서 네온 효과를 지정하고 [설정]을 클릭해요.
   • ❷ 강조 색 4, 5pt ❸ 70%

💡 간단한 네온 효과는 [그림] 탭-[그림 효과]-[네온]에서 지정하면 편해요.

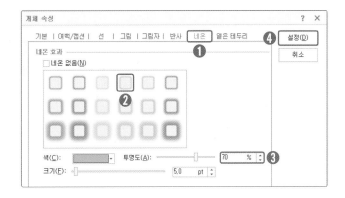

02 같은 방법으로 오른쪽 구름에도 네온 효과를 지정하고 [설정]을 클릭해요. 구름의 테두리에 네온 효과가 지정된 것을 확인해요.

- ❷ 강조 색 1, 5pt ❸ 70%

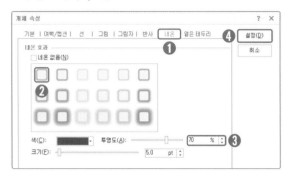 

❸ 반사 효과 지정하기

01 '아기오리1.png'~'아기오리4.png' 이미지를 모두 선택하고 [그림] 탭-[그림 효과]-[반사]-[1/2 크기, 근접]을 클릭해요.

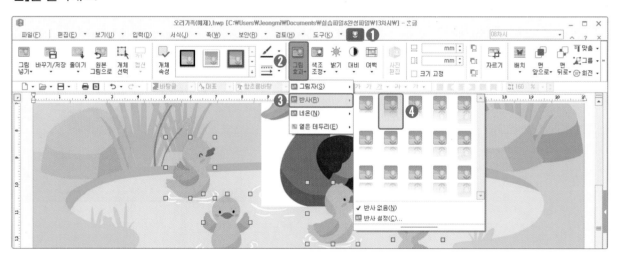

02 아기오리 아래쪽으로 반사 효과가 설정된 것을 확인해요. 효과 적용으로 아기오리의 위치가 달라졌으므로 드래그하여 조금씩 조절해요.

💡 아기오리가 마우스 드래그로 원하는 곳으로 이동하지 않는다면, 오리 이미지를 선택하고 [그림] 탭-[배치]-[글 앞으로]를 지정해요.

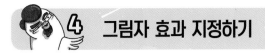

④ 그림자 효과 지정하기

01 오른쪽의 '**꽃과풀.png**' 이미지를 선택하고 **[그림] 탭-[회전]-[좌우 대칭]**을 선택해요.

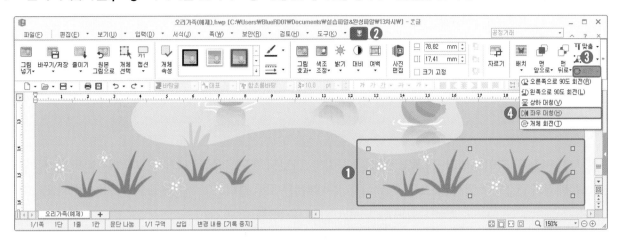

02 그림자 효과를 적용하기 위해 이미지를 더블 클릭해요. [개체 속성] 대화상자가 나타나면 **[그림자] 탭**에서 그림 효과의 세부 설정 사항들을 지정하고 [설정]을 클릭해요.

　• ❷ 오른쪽 ❸ 하늘색(RGB:97,130,214) 40% 밝게
　　❹ 3pt

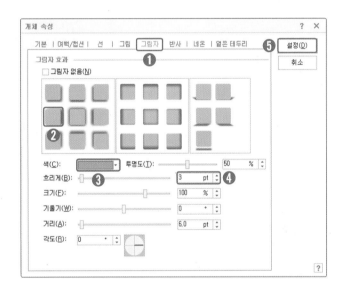

03 이번엔 왼쪽의 '**꽃과풀.png**' 이미지를 선택하고 **[그림] 탭-[그림 효과]-[그림자]-[가운데]**를 선택해요.

04 그림자가 적용된 것을 확인해요.

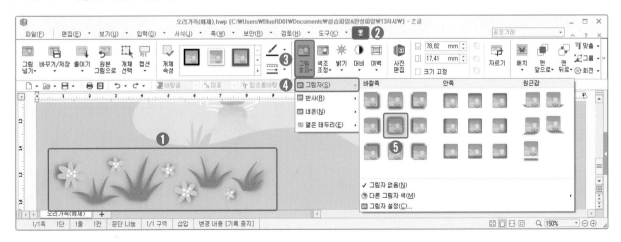

5 투명 효과 적용하기

01 '**엄마오리.png**' 이미지는 흰색 배경이 적용되어 있으니 배경을 제거해 볼게요. 엄마오리 이미지를 선택하고 **[그림] 탭-[사진 편집]**을 클릭해요.

02 [사진 편집기] 창이 나타나면 **[투명 효과]**를 클릭하고 [보정 후] 화면에서 제거하고자 하는 흰색 배경을 클릭해요. 배경이 연결되어 있지 않으므로 지워지지 않은 부분은 모두 클릭하여 제거하고 [적용]을 클릭해요.

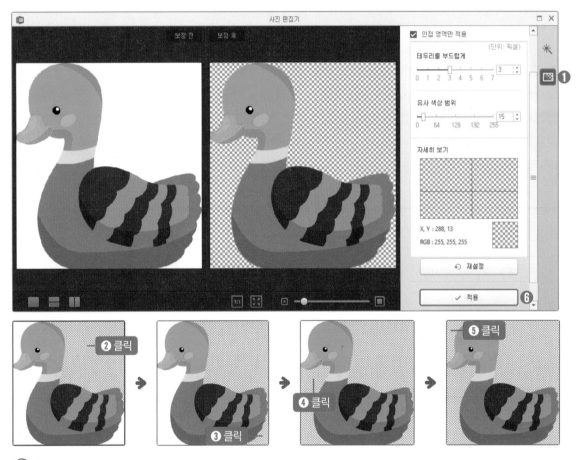

💡 투명 효과는 클릭한 색과 유사한 색상을 모두 투명하게 설정해요.

03 엄마오리의 배경이 사라진 것을 확인해요. 그림 효과가 모두 설정되었어요.

혼자서 뚝딱뚝딱

1 '가을밤하늘(예제).hwp' 파일을 열고 작성조건에 따라 그림 효과를 적용해 보세요.

• 실습파일 : 가을밤하늘(예제).hwp, 이미지 파일(나무, 별1~2, 양, 외계인)   • 완성파일 : 가을밤하늘(완성).hwp

밝은 가을 하늘 밤
외계인이 내려 올 것만 같은 그런 밤
외계인은 정말로 있을까요?

• **이미지 삽입** : 나무.png, 별1~2.png, 양.png, 외계인.png
  – **나무** : 투명 효과, 옅은 테두리(3pt)
  – **별1** : 네온(강조 색 3, 5pt)
  – **별2** : 네온(강조 색 4, 5pt, 투명도 20%)
  – **양** : 원근감 효과가 있는 그림자(대각선 왼쪽 아래)
  – **외계인** : 반사 효과(1/3 크기, 근접)

14 그리기마당으로 우주 전쟁 웹툰 장면 만들기

학습목표

· 그리기마당에서 그리기 조각을 삽입할 수 있습니다.

· 삽입된 개체 중 필요한 부분만 사용할 수 있습니다.

· 삽입된 개체를 복사할 수 있습니다.

❈ 그리기마당　한글 프로그램에서는 많이 쓰이는 개체를 미리 만들어 등록해 놓고, 필요할 때마다 등록된 개체를 가져다 원하는 그림을 쉽고 빠르게 그릴 수 있어요.

실습파일 : 우주전쟁(예제).hwp　　완성파일 : 우주전쟁(완성).hwp

미리보기

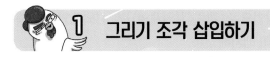

1 그리기 조각 삽입하기

01 '**우주전쟁(예제).hwp**' 파일을 실행하고 그리기 조각을 삽입하기 위해 **[입력] 탭-[그리기마당(🦋)]**을 클릭해요.

02 [그리기마당] 대화상자가 나타나면 **[그리기 조각] 탭-[자연(우주)]**에서 '**화성**'을 선택하고 마우스 포인터를 문서 편집 화면의 빈 곳으로 이동해요.

03 [그리기마당] 대화상자가 희미해지면서 마우스 포인터가 '╋' 모양으로 바뀝니다. 이때 마우스를 드래그하면 개체가 삽입돼요.

04 다시 [그리기 마당] 대화상자로 마우스 포인터를 가져가 같은 방법으로 **[캐릭터(외계인)]**에서 '**외계인6, 외계인7, 외계인9, 외계인10, 우주선1**'을 각각 삽입하고 그림과 같이 배치해요.

💡 그리기 조각을 모두 삽입했으면 [그리기마당] 대화상자에서 [취소]를 누르거나 [Esc]를 눌러요.

 ## 2 그리기 조각 개체 풀고 배경 삭제하기

01 삽입한 '우주선1'의 배경을 삭제하기 위해 '**우주선1**'을 선택하고 마우스 오른쪽 버튼을 눌러 바로 가기 메뉴에서 '**개체 풀기**'를 클릭해요.

02 개체가 풀리면 [Esc]를 눌러 선택을 해제하고 다시 배경만 클릭한 후 [Delete]를 눌러 배경을 삭제해요.

03 같은 방법으로 '외계인10'의 배경도 삭제해요.

3 그리기 조각 삽입하고 복사하기

01 같은 방법으로 [그리기 조각] 탭-[아이콘(자연현상)]에서 '불2'를 선택하고 [넣기]를 클릭한 후 대포 바로 앞에 드래그하여 삽입해요.

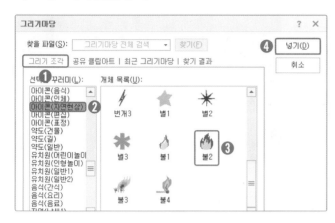 

02 삽입된 그리기 조각을 선택하고 [도형] 탭-[회전]-[개체 회전]을 선택한 후 연두색 조절점이 나타나면 마우스 포인터를 조절점에 가져가 불꽃의 끝이 대포를 향하도록 회전해요.

💡 회전이 완료되면 문서의 빈 곳을 클릭하거나 Esc 를 누르면 작업이 완료돼요.

03 '불2'를 선택하고 Ctrl +드래그를 이용해 3개 복사해요. 복사된 불을 각각 선택하고 크기 조절점을 드래그하여 그림과 같이 크기를 줄여요.

4 그리기 조각 삽입하고 위치 지정하기

01 [입력] 탭-[그리기마당]을 클릭하여 [그리기 조각] 탭-[자연(우주)]에서 '지구'를 선택하고 [넣기]를 클릭한 후 문서 창의 가로 크기에 맞도록 배경을 삽입해요.

02 삽입된 지구를 더블 클릭하여 [개체 속성] 대화상자가 나타나면 **[기본] 탭**에서 본문과의 배치, 위치를 지정한 후 [설정]을 클릭해요.

· ❷ 글 뒤로 ❸ '종이'의 '왼쪽' 0.0mm
❹ '종이'의 '위' 160mm

03 웹툰 화면이 완성되었어요.

혼자서 뚝딱뚝딱

1 '재밌는동화(예제).hwp'를 열고 작성조건에 따라 문서를 작성해 보세요.

· 실습파일 : 재밌는동화(예제).hwp　　· 완성파일 : 재밌는동화(완성).hwp

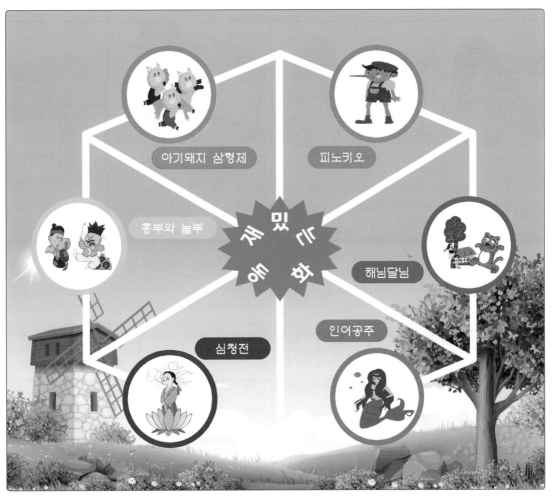

작성
조건

· **그리기 조각** : [그리기 조각] 탭-[전통(전래동화)]/[동화(외국)]
· **글상자 삽입**
　- **그리기 조각에 맞는 동화 제목 입력 후 서식 설정** : 양재인장체M, 9pt, 진하게,
　　글자 색(하양<RGB:255,255,255>), 가운데 정렬
　- **면 색** : 색 골라내기 기능을 활용하여 원 도형의 테두리 색과 같은 색으로 변경

#그리기마당 #클립아트 #개체 회전

15

학습목표

클립아트로 미니 북 만들기

- 그리기마당에서 원하는 개체를 선택하여 삽입하고 회전 기능을 사용할 수 있습니다.
- 개체를 삽입하고 자르기 기능을 이용하여 원하는 부분만 사용할 수 있습니다.
- 문서를 완성하고 인쇄하여 작은 책을 만들어볼 수 있습니다.

✿ **클립아트**   문서 작업을 위하여 미리 만들어 놓고 필요할 때마다 가져다 사용할 수 있는 여러 가지 그림이에요. 미리 만들어져 있기 때문에 편리하게 이용할 수 있어요.

실습파일 : 세계 문화유산(예제).hwp   완성파일 : 세계 문화유산(완성).hwp

미리보기

1 클립아트 삽입하고 자르기

01 '**세계 문화유산(예제).hwp**' 파일을 실행하고 클립아트를 삽입하기 위해 **[입력] 탭-[그리기마당( )]**을 클릭해요.

02 [그리기마당] 대화상자가 나타나면 **[공유 클립아트]-[문화유산]**에서 '**숭례문**'을 선택하여 삽입해요. 삽입된 숭례문을 더블 클릭하여 크기를 지정한 후 [설정]을 클릭해요.

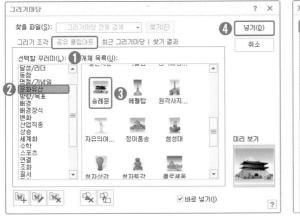

🐝 클립아트를 삽입하면 표는 2쪽으로 이동하고 1쪽에 삽입돼요.

03 같은 방법으로 **[공유 클립아트]-[문화유산]**에서 '**만리장성**'을 선택하여 삽입하고, 숭례문의 가로 크기에 맞춰 드래그하여 삽입해요.

04 만리장성의 세로 길이를 줄이기 위해 숭례문 이미지 옆에 만리장성을 위치시킨 후 Shift 를 누른 상태에서 위쪽 가운데 조절점을 드래그하여 숭례문의 세로 길이만큼 잘라요.

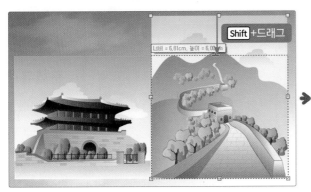

05 같은 방법으로 '**파르테논신전, 피라미드, 콜로세움, 타지마 할역사**'를 삽입하고 숭례문의 크기에 맞게 배경을 잘라요.

- 문화유산이 잘리지 않도록 배경을 잘라주세요.
- 타지마할역사는 가로로 긴 이미지이므로 세로 크기에 맞춰 드래그하여 삽입한 후 좌, 우를 잘라주세요.

2 클립아트 표 안에 배치하기

01 삽입한 클립아트를 [Shift]를 이용하여 모두 선택하고 [P]를 눌러요. [개체 속성] 대화상자의 **[기본] 탭**에서 너비와 높이, 본문과의 배치를 지정한 후 [설정]을 클릭해요.
- ❷ 68mm ❸ 60mm
  ❹ 글자처럼 취급

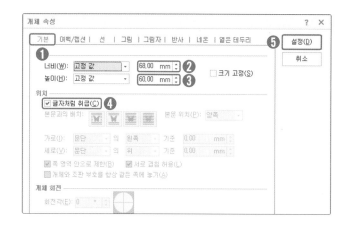

02 표 안에 클립아트를 넣기 위해 만리장성 클립아트를 선택하고 드래그하여 표의 두 번째 줄 첫 번째 칸에 넣어주세요. 같은 방법으로 나머지 클립아트도 각각 표 안에 배치해요.

- 클립아트를 [Ctrl]+[X]를 눌러 잘라내기 한 후 표 안에 커서를 놓고 [Ctrl]+[V]를 눌러 붙여넣기 해도 돼요.

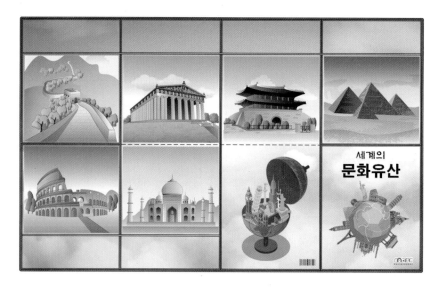

3 글맵시로 문화유산 이름 작성하기

01 글맵시를 삽입하기 위해 첫 번째 줄, 첫째 칸에 커서를 놓고 **[입력] 탭-[글맵시(개나다)]**를 클릭해요. [글맵시 만들기] 대화상자가 나타나면 내용과 글꼴, 글맵시 모양을 지정하고 [설정]을 클릭해요.

· ❶ 만리장성 ❷ HY헤드라인M ❸ 직사각형

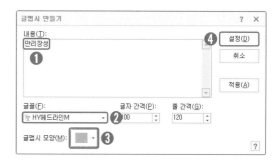

02 삽입된 글맵시를 더블 클릭하여 [개체 속성] 대화상자가 나타나면 **[기본] 탭**과 **[채우기] 탭**에서 본문과의 배치와 면 색을 지정하고 [설정]을 클릭해요.

· ❷ 글자처럼 취급 ❹ 하양(RGB:255,255,255)

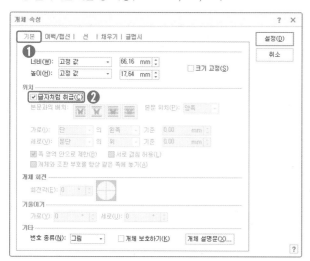 

03 글맵시의 조절점을 드래그하여 표의 셀 크기만큼 키워주세요. 완성된 글맵시를 복사하여 나머지 셀에도 삽입하고 복사된 글맵시를 각각 더블 클릭하여 [개체 속성] 대화상자가 나타나면 **[글맵시] 탭**에서 이름을 변경해요.

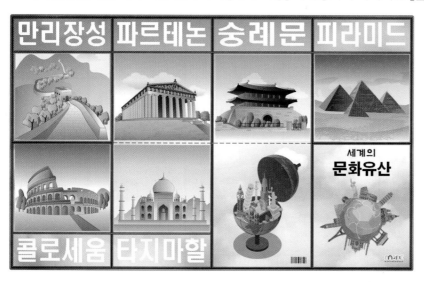

01 미니 북을 만들기 위해서는 첫 번째 줄과 두 번째 줄의 글맵시와 클립아트가 반대로 되어 있어야 해요. 먼저
   Shift 를 이용하여 두 번째 줄의 클립아트를 모두 선택하고 [그림] 탭-[회전]-[상하 대칭]을 클릭해요.

02 이번엔 첫 번째 줄의 글맵시를 Shift 를 이용하여 모두 선택하고 [글맵시] 탭-[회전]-[상하 대칭]을 선택해요.
   좌우가 바뀌어야 하므로 다시 한 번 [글맵시] 탭-[회전]-[좌우 대칭]을 선택해요.

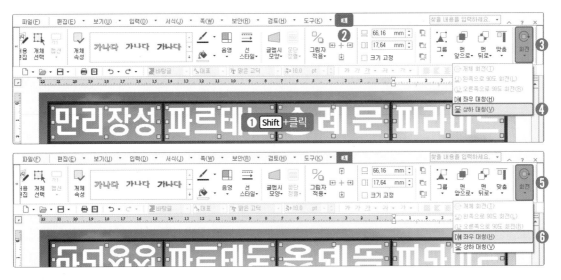

03 미니 책의 전개도가 완성되었
   어요. 인쇄하여 책을 만들어 보
   세요.

혼자서 뚝딱뚝딱

1 '직업세계(예제).hwp'를 열고 작성조건에 따라 문서를 작성해 보세요.

· 실습파일 : 직업세계(예제).hwp   · 완성파일 : 직업세계(완성).hwp

무궁무진한 **직업**의 세계
나에게 맞는 **직업**은 무엇일까?

디자이너	경찰관	파티시에	아나운서	비행기승무원

·주택, 사무실, 상가 건물의 내부 환경을 기능과 용도에 맞게 설계, 장식한다.
·창의적인 사고와 미적 감각, 색채 감각, 공간 지각력, 사물에 대한 관찰력이 있어야 한다.
·여러 분야의 전문가들과 공동 작업하고 의견조율을 해야 하기 때문에 원활한 인간관계를 유지할 수 있어야 한다.

·국민의 생명과 재산을 보호하는 역할을 한다.
·경찰관은 범죄수사업무에 있어 추리력과 판단력이 필요하며, 강인한 체력과 순발력이 있어야 한다.
·민원인 등을 대할 때는 융통성과 인내심, 자기통제력 등이 있어야 하며, 국가와 국민을 위해 일한다는 봉사의식과 사명감을 갖추고 있어야 한다.

·빵, 케이크, 쿠키, 파이 등 다양한 빵 및 과자를 만드는 일을 한다.
·예민한 미각과 아름다운 제품을 만들기 위한 미적 감각이 필요하며 새로운 빵, 과자 등을 개발할 수 있는 창의력을 갖추어야 한다.
·정교한 손놀림, 꼼꼼함을 갖추면 유리하며, 장시간 서서 작업하기 때문에 체력과 인내심이 있어야 한다.

·라디오와 텔레비전 방송을 통하여 각종 정보를 전달하고 프로그램을 진행하는 일을 한다.
·표준어와 바른 우리말을 구사할 수 있어야 하며 정확한 발음, 풍부한 표현 능력 등 언어에 대한 감각이 있어야 한다.
·사회, 문화 등 다양한 분야에 대한 관심이 있어야 하고, 시사분야에 대한 깊은 이해가 있어야 한다.

·승객이 목적지까지 안전하고 쾌적하게 여행할 수 있도록 편의와 안전을 도모하기 위해 기내에서 각종 서비스를 제공한다.
·국제선 비행에 대비한 지식과 외국어실력을 갖추어야 하고, 또 위기상황에 대처할 수 있는 순발력이 필요하다.
·봉사정신이 투철하고 친절한 사람에게 유리하며, 장시간 비행하는 경우가 많으므로 강한 체력이 필요하다.

작성조건

·글상자
  - 경기천년제목 Medium, 28pt, 자간(-10%), 가운데 정렬
  - **글자 색** : 남색(RGB:58,60,132)/빨강(RGB:255,0,0), 그림자(연속)/파랑(RGB:0,0,255), 강조점
·그리기마당
  - [공유 클립아트]-[산업직종]-디자이너/군인/쿠키/뉴스앵커/항공승무원
  - 너비(35mm), 높이(50m), 글자처럼 취급
·본문
  - 굴림, 8pt, 내어쓰기(8pt), 줄 간격(180%)

16

B.I.N.G.O 빙고 게임

열심히 공부했으니 즐거운 게임을 즐겨볼까요? 앞에서 배웠던 표, 그림 삽입 기능을 활용하여 재미있는 빙고 게임을 해 봐요. 가로, 세로, 대각선으로 빙고를 만들고 "빙고"를 외치는 팀이 이기는 게임이에요. 어떻게 하면 빙고 게임을 이길 수 있을지 팀원들과 이야기해 보고 게임을 시작해 보세요.

실습파일 : 빙고(예제).hwp, 이미지 파일(막대1~막대2, 형광펜1~형광펜3)　　**완성파일** : 빙고(완성).hwp

미리보기

놀이 인원

✿ 한 팀당 2~3명으로 해도 좋고, 1:1로 해도 좋아요.

놀이 시간

✿ 한 게임당 10분

놀이 방법

❶ 팀을 정하고 각 팀의 이름을 정해 'TEAM NAME'에 이름을 쓰세요.

❷ 각 셀 안에 주제에 맞는 단어를 입력해요.
(주제 예제 : 가수 이름, 개그맨 이름, 드라마 이름, 나라 이름 등)

❸ 가위바위보로 순서를 정하고, 한 번씩 번갈아가며 셀 안에 적힌 이름을 부르며 지워요.
(왼쪽에 삽입한 그림을 [Ctrl]+드래그하여 복사해 표시해요.)

❹ 상대팀이 이야기한 단어가 우리팀 표에 있다면 지워요.

❺ 가로(5칸), 세로(5칸), 대각선(5칸)으로 글자를 지우면 빙고가 완성돼요.

❻ 2줄 빙고를 만들고 먼저 "빙고"를 외치는 팀이 승리해요.
(완성할 빙고의 수는 상대편과 미리 정해요.)

1 표 삽입하고 편집하기

01 '**빙고(예제).hwp**' 파일을 실행하고 표를 삽입하기 위해 **[입력] 탭-[표( )]**를 클릭해요. [표 만들기] 대화상자에서 **줄 수(5)**와 **칸 수(5)**를 입력하고 '**마우스 끌기로 만들기**'에 **체크**한 후 [만들기]를 클릭해요.

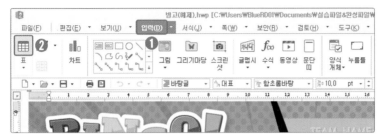 

02 표가 자리할 화면의 중앙에 [Shift]+드래그하여 표를 만들어요.

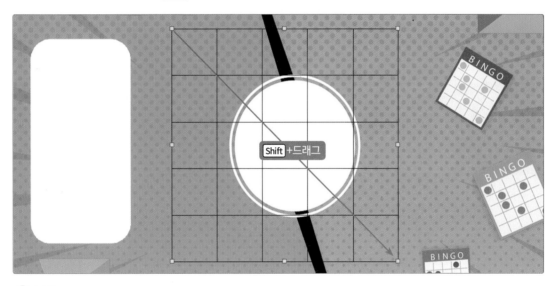

🔅 [Shift]+드래그하면 정사각형 셀의 표를 만들 수 있어요.

03 만들어진 표의 셀 전체를 블록으로 지정하고 [L]을 눌러 [셀 테두리/배경] 대화상자가 나타나면 **[테두리] 탭**과 **[배경] 탭**에서 선 모양과 면 색을 지정하고 [설정]을 클릭해요.

- ❷ 점선 ❸ 모두 ❻ RGB:227,248,255

04 표 전체가 블록으로 지정된 상태에서 서식 도구 상자에서 글꼴, 글자 크기, 정렬을 지정하고 문서 창의 배경에 커서를 위치시켜요.

- 경기천년제목 Light, 16pt, 가운데 정렬

---

2 그림 삽입하기

01 [입력] 탭-[그림(　)]을 클릭하고 [그림 넣기] 대화상자가 나타나면 **[16차시] 폴더**에서 '**막대1~막대2, 형광펜1~형광펜3**'을 모두 선택하고 [넣기]를 클릭해요.

💡 첫 번째 이미지를 선택하고 Shift 를 누른 상태에서 마지막 이미지를 선택해요.

02 삽입된 그림을 다음과 같이 배치하고 **[그림] 탭-[배치]-[글 앞으로]**를 지정해요.

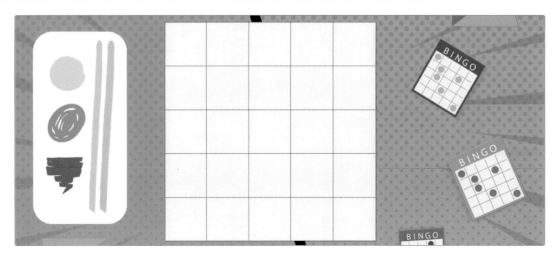

💡 막대 그림은 선택 후 [그림] 탭-[회전]-[오른쪽으로 90도 회전]/[왼쪽으로 90도 회전] 기능을 이용해 회전한 다음 크기를 조절해요.

빙고 게임하기

01 각 팀의 이름을 재미있게 지어서 적어 보고 표 안에는 주제에 맞는 단어를 입력해요.

02 <놀이 방법>에 따라 게임을 진행해요. 총 2줄의 빙고가 완성되면 재빨리 '빙고'를 외쳐요.

#도형 #개체 묶기 #복사

17 도형으로 영양소 분석표 만들기

학습목표

- 도형을 삽입하고 속성을 변경할 수 있습니다.
- 만든 도형에 개체 묶기를 실행하고 복사할 수 있습니다.
- 도형 안에 텍스트를 입력할 수 있습니다.

☆도형 직선, 직사각형, 타원, 호, 다각형, 곡선, 자유선, 개체 연결선 등을 문서에 삽입하여 재미있는 문서를 만들 수 있어요.

실습파일 : 영양소(예제).hwp **완성파일** : 영양소(완성).hwp

미리보기

1 도형 삽입하기

01 '**영양소(예제).hwp**' 파일을 실행하고 1쪽에 커서를 놓은 후 **[입력] 탭-[직사각형(▭)]**을 선택해 문서 창에 드래그하여 삽입해요.

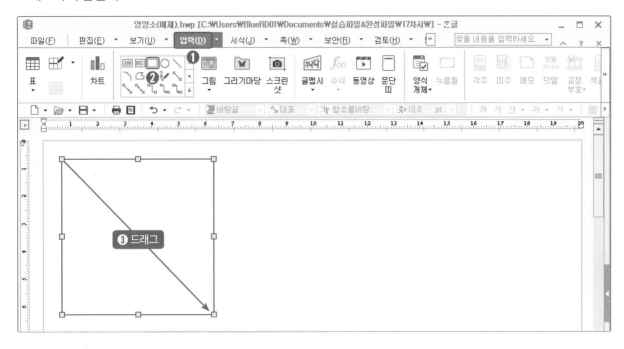

02 삽입한 직사각형을 더블 클릭하여 [개체 속성] 대화 상자가 나타나면 **[기본] 탭**과 **[선] 탭**, **[채우기] 탭**에서 다음과 같이 지정하고 [설정]을 클릭해요.

- ❷ 87mm ❸ 87mm ❺ 선 없음 ❻ 3%
- ❾ 노랑(RGB:255,215,0) 60% 밝게

03 속성이 변경된 사각형을 Ctrl+드래그하여 복사해요. 복사된 사각형을 더블 클릭하여 [개체 속성] 대화상자에서 **[기본] 탭**과 **[선] 탭**, **[채우기] 탭**에서 다음과 같이 지정하고 [설정]을 클릭해요.

- 너비(40mm), 높이(40mm), 선 색(하양<RGB:255,255,255>), 실선, 굵기(1.0mm), 면 색(노랑<RGB:255,215,0>)

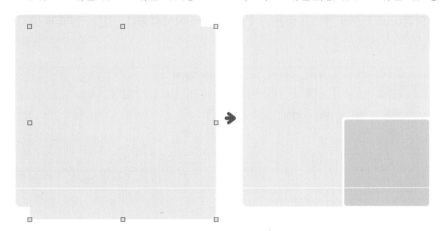

2 개체 복사하고 회전하기

01 사각형 두 개를 Shift+클릭으로 선택하고 마우스 오른쪽 버튼을 눌러 바로 가기 메뉴에서 **[개체 묶기]**를 클릭해요.

💡 직사각형을 모두 선택하고 Ctrl+G 를 눌러도 개체 묶기를 할 수 있어요.

02 개체 묶기된 사각형을 Ctrl+Shift+드래그하여 오른쪽으로 복사해요.

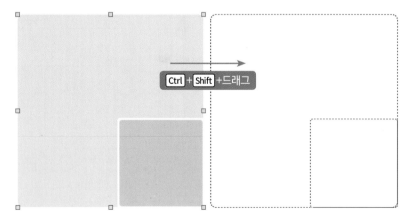

03 복사된 사각형만 선택하고 **[도형] 탭-[회전]-[좌우 대칭]**을 실행해요.

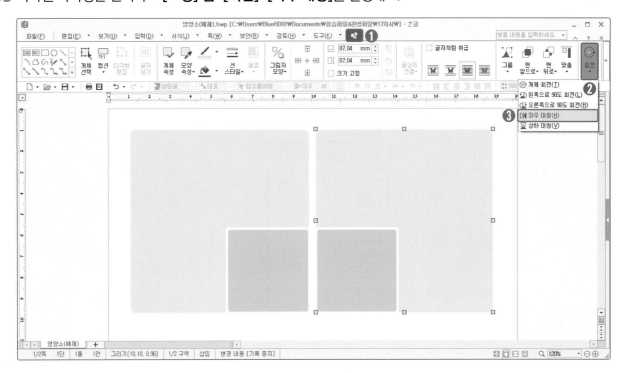

04 다시 개체 묶기된 사각형을 Shift+클릭으로 모두 선택하고 Ctrl+Shift+드래그하여 아래쪽으로 복사해요. 복사된 사각형을 선택하고 **[도형] 탭-[회전]-[상하 대칭]**을 실행해요.

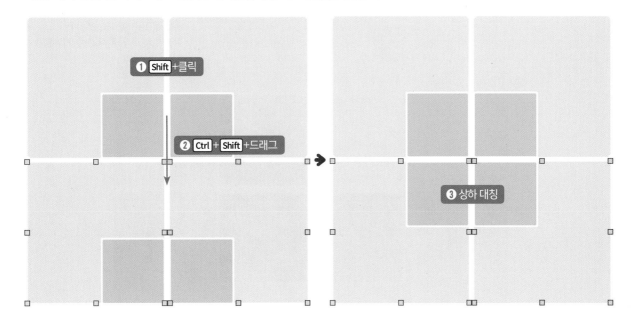

01 사각형마다 면 색을 다르게 지정하기 위해 복사된 사각형을 각각 선택하고 마우스 오른쪽 버튼을 눌러 바로 가기 메뉴에서 **[개체 풀기]**를 클릭해요.

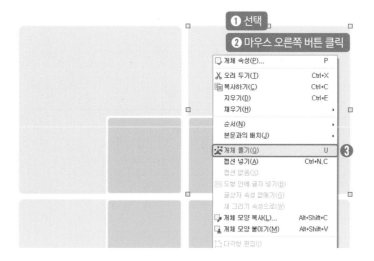

02 개체가 풀리면 사각형을 각각 더블 클릭하여 **[채우기] 탭**에서 면 색을 변경해요.

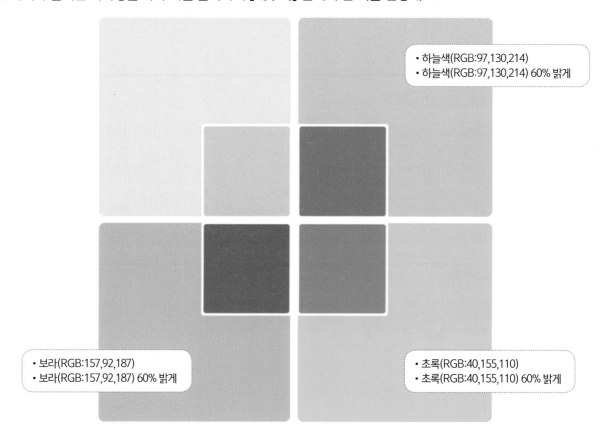

• 하늘색(RGB:97,130,214)
• 하늘색(RGB:97,130,214) 60% 밝게

• 보라(RGB:157,92,187)
• 보라(RGB:157,92,187) 60% 밝게

• 초록(RGB:40,155,110)
• 초록(RGB:40,155,110) 60% 밝게

03 [입력] 탭-[가로 글상자()]를 선택해 작은 사각형 위에 삽입하고 글자를 입력해요. 입력한 글자는 블록으로 지정한 후 서식 도구 상자에서 글꼴, 크기, 글자 색, 정렬을 설정해요.

- 한컴 백제 M, 20pt, 하양(RGB:255,255,255), 가운데 정렬

04 가로 글상자를 복사해 나머지 작은 사각형에 배치한 후 다음과 같이 내용을 변경해요.

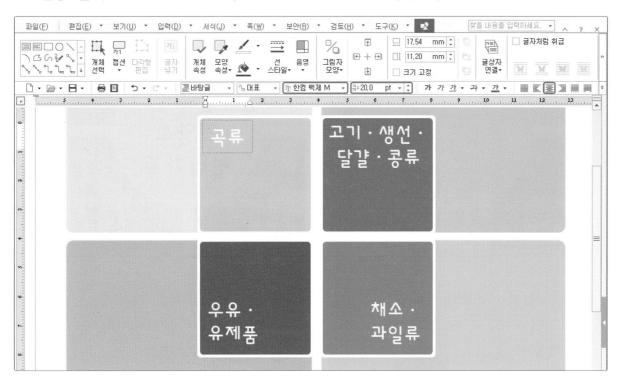

4 원 도형 삽입하고 텍스트 입력하기

01 [입력] 탭-[타원(○)]을 선택해 문서 창에 드래그하여 삽입한 후 더블 클릭하여 **[기본] 탭, [선] 탭, [채우기] 탭** 에서 크기, 선 모양, 면 색을 지정한 다음 [설정]을 클릭 해요.

- [기본] 탭 : 너비(50mm), 높이(50mm)
- [선] 탭 : 선 색(하양<RGB:255,255,255>), 실선, 굵기(1.00mm)
- [채우기] 탭 : 면 색(검정<RGB:0,0,0> 80% 밝게)

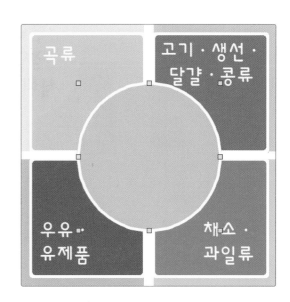

02 도형에 글자를 직접 입력하기 위해 타원 도형을 선택하고 마우스 오른쪽 버튼을 눌러 바로 가기 메뉴에서 **[도형 안에 글자 넣기]**를 클릭해요. 글자 입력 상태가 되면 글자를 입력하고 서식 도구 상자에서 글꼴, 크기, 정렬을 설정해요.

- 한컴 바겐세일 M, 28pt, 가운데 정렬

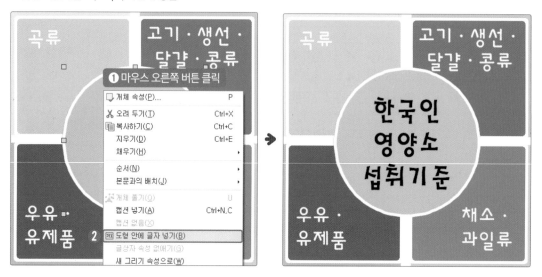

03 2쪽에 있는 음식 아이콘을 1쪽의 큰 사각형으로 드래그하여 배치해 영양소 표를 완성해요.

💡 그림을 선택하고 [그림] 탭-[맨 앞으로]를 지정해야 도형 위에 그림이 표시돼요.

혼자서 뚝딱뚝딱

1 '쿠바 국기(예제).hwp'를 열고 작성조건에 따라 쿠바의 국기를 만들어 보세요.

· 실습파일 : 쿠바 국기(예제).hwp   · 완성파일 : 쿠바 국기(완성).hwp

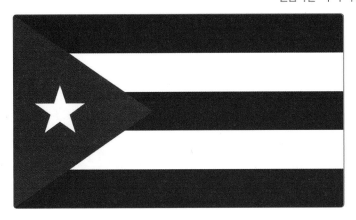

 작성 조건

· **직사각형** : 복사 기능 활용
  – 너비(350mm), 높이(40mm)
  – 선 없음
  – 면 색(RGB:0,42,143/
     RGB:255,255,255)
· **이등변 삼각형** : 삽입 후 크기 조절 및 회전
  – [그리기마당]–[그리기 조각]–[기본 도형]
  – 면 색(RGB:207,20,43)
· **포인트가 5개인별**
  – [그리기마당]–[그리기 조각]–[별및현수막]
  – 면 색(하양<RGB:255,255,255>)

📖 실과 5 ▸ 일과 직업의 이해

2 '일과 직업(예제).hwp'를 열고 도형 기능을 활용하여 일과 직업의 예를 만들어 보세요.

· 실습파일 : 일과 직업(예제).hwp, 이미지 파일(요리, 요리사, 운동, 운동선수)   · 완성파일 : 일과 직업(완성).hwp

· 노란색 사각형 전체 복사 후 속성 변경
· 큰 직사각형 : [채우기] 탭 – 하늘색(RGB:97,130,214)
  60% 밝게 / [그림자] 탭 – 하늘색(RGB:97,130,214)
· 작은 사각형 : 그림 변경

· 큰 직사각형 : [선] 탭 – 선 없음, 곡률 지정(5%) / [채우기] 탭 – 노랑(RGB:255,215,0) 60% 밝게 / [그림자] 탭 – 왼쪽 아래,
  오른쪽 아래, 노랑(RGB:255,215,0)
· 작은 직사각형 : [선] 탭 – 선 없음, 곡률 지정(5%) / [채우기] 탭 – 도형 선택 후 그림 삽입, 문서에 포함 체크
· 타원 : [기본] 탭 – 너비(10mm), 높이(10mm) / [선] 탭 – 선 없음 / [채우기] 탭 – 주황(RGB:255,132,58) / 도형 안에 글자
  넣기 – 한컴 바겐세일 M, 14pt, 가운데 정렬
· 가로 글상자 : [선] 탭 – 선 없음 / [채우기] 탭 – 색 채우기 없음 / 한컴 바겐세일 M, 20pt, 가운데 정렬

18
학습목표

스크린 샷으로 바이러스 감염병 예방 포스터 만들기

- 스크린 샷 기능을 이용하여 웹 페이지를 캡처할 수 있습니다.
- 삽입한 스크린 샷에 효과를 적용할 수 있습니다.

✻ 스크린 샷   인터넷에서 예쁜 사진이나 유용한 자료를 봤을 때, 그 내용을 그대로 문서에 넣고 싶다면 스크린 샷 기능을 이용하면 돼요.
화면 캡처를 통해 필요한 부분만 가져와 문서에 담을 수 있어요.

실습파일 : 마스크 착용 방법(예제).hwp   완성파일 : 마스크 착용 방법(완성).hwp

미리보기

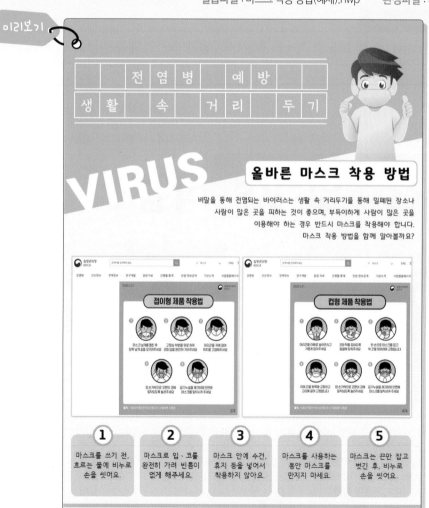

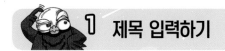

1 제목 입력하기

01 '**마스크 착용 방법(예제).hwp**' 파일을 실행하고 표 안에 제목을 입력해요.

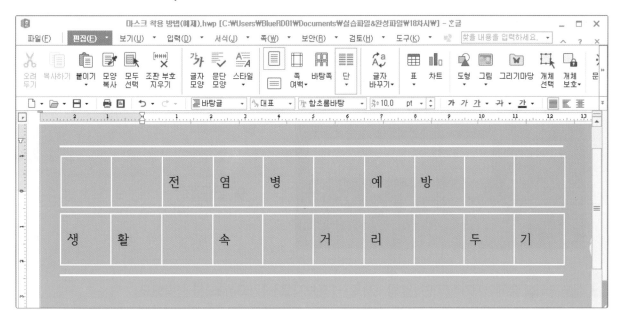

02 첫 번째 표 전체를 블록으로 지정하고 서식 도구 상자에서 글꼴, 크기, 글자 색, 정렬을 설정해요. 같은 방법으로 두 번째 표 전체도 같은 서식을 설정해요.

• 경기천년바탕 Bold, 22pt, 하양(RGB:255,255,255), 가운데 정렬

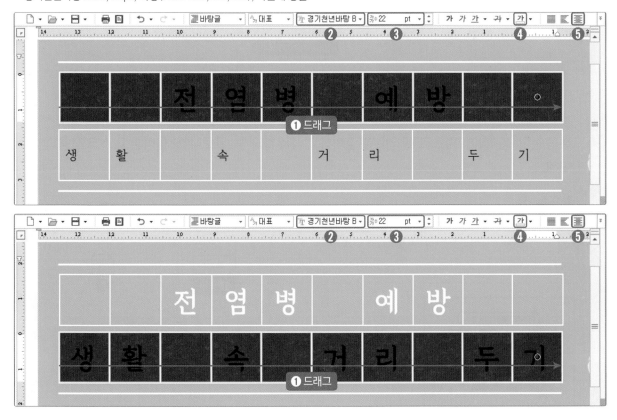

2 스크린 샷으로 화면 캡처하기

01 [시작]-[Microsoft Edge( )]를 클릭하여 웹 브라우저를 실행해요. 엣지가 실행되면 '**웹 검색**'란에 "**질병 관리청**"을 입력하고 [Enter]를 눌러요.

02 검색 결과가 나타나면 제일 첫 번째 나타나는 질병관리청을 클릭해요.

03 질병관리청 홈페이지가 열리면 [**알림·자료**]-[**홍보자료**]-[**카드뉴스**]를 클릭해요.

04 오른쪽 상단 검색창에 "**마스크**"를 입력해 검색하고 검색 결과 중 '**코로나19 올바른 마스크 착용법**' 게시글을 클릭해요.

05 마우스 휠을 아래로 내려 '**접이형 제품 착용법**' 이미지가 보이도록 화면을 조절해요.

💡 화면에 이미지가 모두 보이지 않으면 [Ctrl]과 마우스 휠을 아래로 내려 화면을 축소해 주세요.

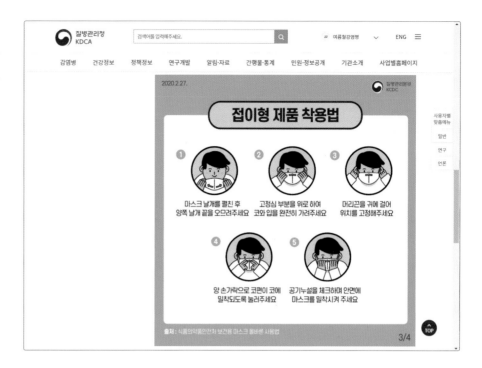

06 다시 한글 파일(마스크 착용 방법(예제).hwp)로 돌아와 **[입력] 탭-[스크린 샷(📷)]**을 클릭해요. [스크린 샷] 대화상자가 나타나면 [화면 캡처]를 클릭해요.

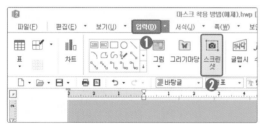 

07 엣지 창이 열리면 필요한 부분만 마우스로 드래그해요.

💡 스크린 샷은 바로 직전에 실행한 창이 열리면서 캡처할 수 있어요.

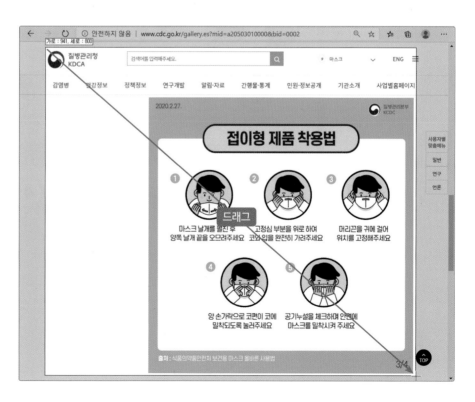

08 문서 창에 캡처한 부분이 삽입된 것을 확인하고 더블 클릭하여 [개체 속성] 대화상자가 나타나면 **[기본] 탭**과 **[네온] 탭**에서 다음과 같이 지정하고 [설정]을 클릭해요. 마우스로 드래그하여 위치를 조절해요.

- ❷ 98mm ❸ 90mm ❹ 글 앞으로 ❺ 가로(종이), 세로(종이) ❼ 강조색 5, 5pt

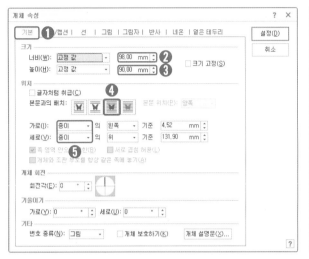
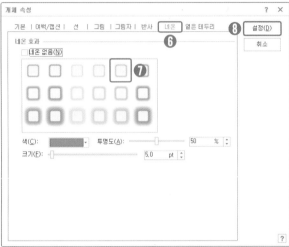

💡 캡처한 이미지가 2쪽에 삽입될 수도 있으니 이미지가 안 보이면 2쪽을 확인해 보세요.

09 다시 질병관리청 홈페이지를 열고 '**컵형 제품 착용법**'이 화면에 보이도록 해요. 같은 방법으로 스크린 샷을 이용해 캡처한 후 그림 효과를 적용한 다음 그림과 같이 배치하면 완성이에요.

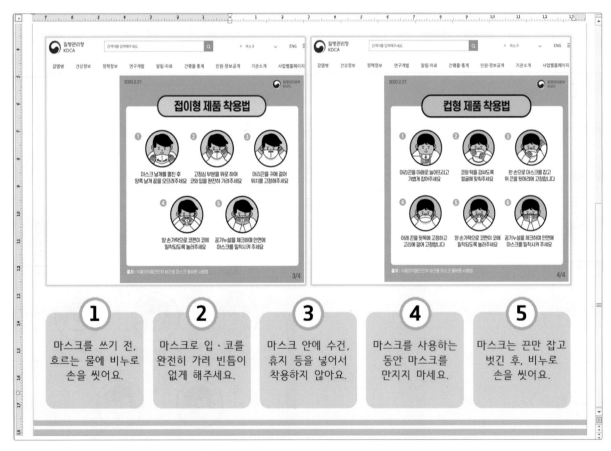

💡 두 개의 그림을 선택하고 [그림] 탭-[맞춤]-[아래쪽 맞춤]/[위쪽 맞춤]을 설정하면 보다 정확하게 맞출 수 있어요.

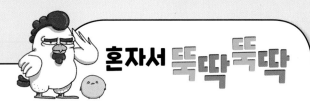

사회 3-2 ▸ 시대마다 다른 삶의 모습

1 '어린이 박물관(예제).hwp' 파일을 실행하고 작성조건에 맞춰 문서를 완성해 보세요.

· 실습파일 : 어린이 박물관(예제).hwp   · 완성파일 : 어린이 박물관(완성).hwp

가로 글상자 1
· 선 없음, 반원, 면 색(초록 <RGB:40,155,110>), 글자처럼 취급
· 한컴 바겐세일 B, 12pt, 하양 (RGB:255,255,255)
· 가운데 정렬

스크린 샷
· 웹 브라우저에서 [국립중앙박물관 어린이박물관] 검색 후 접속-[관람 안내]-[시설안내]
· [그림 효과]-[옅은 테두리]-[5pt]
· 글자처럼 취급

가로 글상자 2
· 선 없음, 반원, 면 색(주황<RGB:255,132,58>), 글자처럼 취급
· 경기천년제목 Light, 11pt, 하양(RGB:255,255,255)
· 가운데 정렬

19 바탕쪽을 활용한 상장 만들기

학습목표

- 바탕쪽의 기능을 이해하고 그림을 삽입할 수 있습니다.
- 삽입한 그림에 효과를 지정할 수 있습니다.
- 표 안에 입력된 텍스트의 속성을 지정할 수 있습니다.

✿ 바탕쪽 : 문서 전체에 공통으로 적용되는 쪽 모양을 설정할 때 사용하면 좋은 기능이에요. 공통으로 적용되는 테두리 모양이나 배경 색, 배경 그림 등을 사용하고자 할 때 좋아요.

실습파일 : 이제 그만 부상(예제).hwp , 이미지 파일(상장 테두리, 장식)   완성파일 : 이제 그만 부상(완성).hwp

이리보기

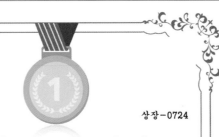

상장-0724

이제 그만 부상

반 번 : 3학년 5반
성 명 : 민 승 현

위 학생은 운동회에서 넘치는 의지와 자신감으로
빠르게 날아 오는 공을 무서워하지도 않고,
당당히 맞서다 장렬히 전사하고, 무릎이 까지는
부상을 당해 이 상을 수여해 격려하고자 합니다.

2023년 5월 5일
하늘초등학교 담임 김성훈

1 바탕쪽에 상장 테두리 삽입하기

01 '**이제 그만 부상(예제).hwp**' 파일을 실행하고 상장 테두리를 바탕쪽에 삽입하기 위해 **[편집] 탭-[바탕쪽]**을 클릭해요. [바탕쪽] 대화상자가 나타나면 [만들기]를 클릭해요.

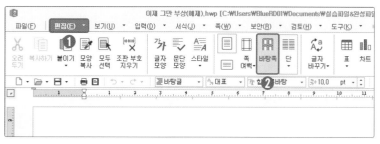

💡 [쪽] 탭-[바탕쪽]을 클릭해도 돼요.

02 바탕쪽 편집 화면이 열리면 **[입력] 탭-[그림( )]**을 클릭하고 [19차시] 폴더에서 '**상장 테두리.jpg**'를 **선택**하고 옵션에서 '**마우스로 크기 지정**'을 **체크 해제**한 후 [넣기]를 클릭해요.

03 상장 테두리가 삽입되면 더블 클릭하여 **[기본] 탭**에서 크기와 위치를 지정하고 [설정]을 클릭해요.

❷ 201mm ❸ 284mm ❹ 글 뒤로
❺ '종이'의 '왼쪽' 4.0mm
❻ '종이'의 '위' 7.0mm

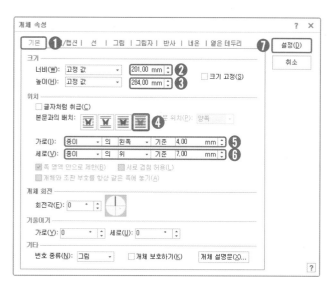

2 바탕쪽에 장식 이미지 삽입하기

01 [입력] 탭-[그림(▣)]을 클릭하고
[19차시] 폴더에서 '장식.png' 파
일을 삽입해요.

02 장식 이미지가 삽입되면 더블 클릭하여 **[기본] 탭**과 **[반사] 탭**에서 크기, 위치, 반사를 지정하고 [설정]을 클릭
해요.

- ❷ 41mm ❸ 61mm ❹ 글 앞으로 ❺ '종이'의 '왼쪽' 83mm ❻ '종이'의 '위' 13.5mm ❽ 1/3 크기, 근접

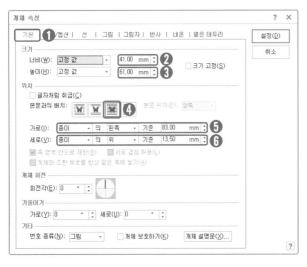
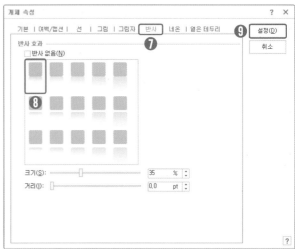

03 바탕쪽에 쪽 테두리와 그림이 모두 삽입된 것을 확인하고 **[바탕쪽] 탭-[닫기(→▌)]**를 클릭해요.

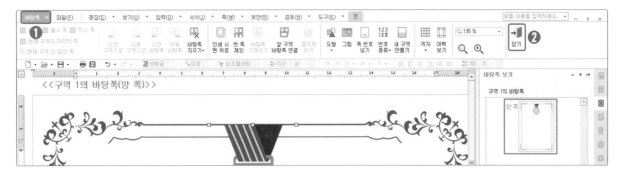

③ 표 편집하고 글자 속성 지정하기

01 문서 창으로 돌아오면 표 속성을 지정하기 위해 셀 안에 커서를 놓고 F5를 세 번 눌러 셀 전체를 블록으로 지정한 후 L을 눌러요.

02 [셀 테두리/배경] 대화상자가 나타나면 **[테두리] 탭**에서 선 모양을 지정하고 [설정]을 클릭해요.

· ❷ 선 없음 ❸ 모두

03 블록 지정된 상태로 서식 도구 상자에서 **글꼴(HY궁서)**을 설정해요.

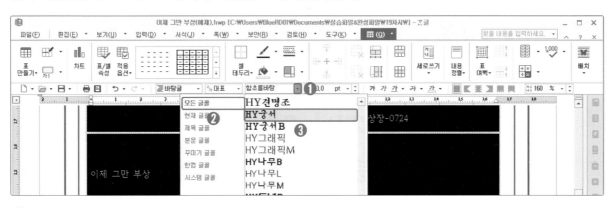

💡 모든 셀에 같은 글꼴이 사용되므로 한꺼번에 변경하면 작업이 편해요.

04 **상장 번호(상장-0724)**를 마우스로 드래그하여 블록으로 지정하고 서식 도구 상자에서 글자 크기, 정렬을 설정해요.

· ❷ 16pt ❸ 오른쪽 정렬

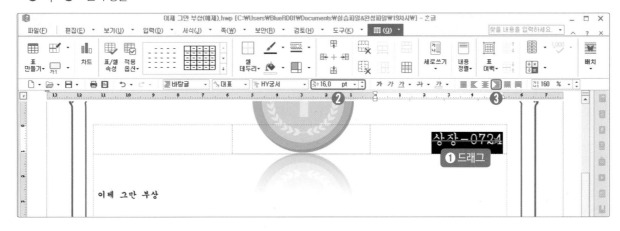

05 같은 방법으로 나머지 셀의 글자도 글자 모양과 문단 모양을 설정해 상장을 완성해요.

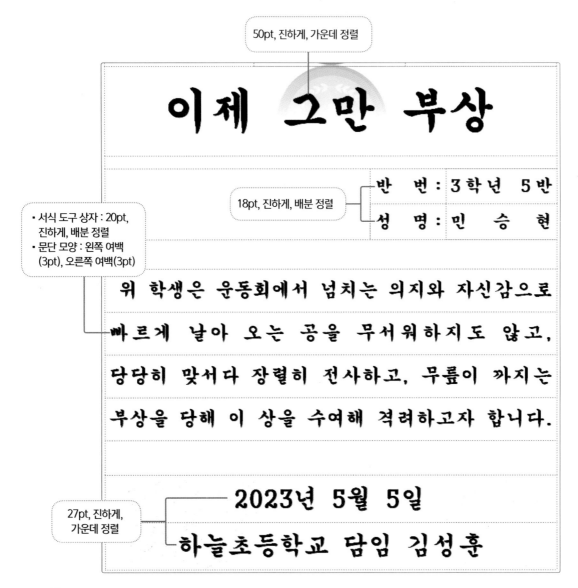

50pt, 진하게, 가운데 정렬

18pt, 진하게, 배분 정렬

・서식 도구 상자 : 20pt, 진하게, 배분 정렬
・문단 모양 : 왼쪽 여백 (3pt), 오른쪽 여백(3pt)

27pt, 진하게, 가운데 정렬

이제 그만 부상

반 번 : 3학년 5반
성 명 : 민 승 현

위 학생은 운동회에서 넘치는 의지와 자신감으로 빠르게 날아 오는 공을 무서워하지도 않고, 당당히 맞서다 장렬히 전사하고, 무릎이 까지는 부상을 당해 이 상을 수여해 격려하고자 합니다.

2023년 5월 5일
하늘초등학교 담임 김성훈

'배분 정렬'은 글자 수에 상관없이 양쪽 정렬을 하면서 글자 사이의 간격을 일정하게 띄우는 정렬 방식이에요. 글자 수가 많아지면 글자 사이의 간격이 좁아지고, 글자 수가 적어지면 글자 사이의 간격이 넓어져요.

국어 2-2 ▶ 칭찬 쪽지 쓰기

1 '칭찬 쪽지(예제).hwp'를 열고 작성조건에 따라 친구를 칭찬하는 쪽지를 써 보세요.

· 실습파일 : 칭찬 쪽지(예제).hwp, 칭찬쪽지_배경.png · 완성파일 : 칭찬 쪽지(완성).hwp

· **바탕쪽**
  – 칭찬쪽지_배경.png 삽입
  – 크기 : 너비(180mm), 높이(200mm)
  – **본문과의 배치** : 글 앞으로 / 가로 – '종이'의 '왼쪽' 0.0mm, 세로 – '종이'의 '위' 0.0mm
· **표**
  – 본문 아래 선 모양 설정
  – [셀 테두리/배경]–[테두리] 탭 : 파선, 0.2mm, RGB:70,134,186
· **표 안 텍스트**
  – **이름** : 양재인장체M, 12pt, 진하게, 배분 정렬/오른쪽 정렬
  – **본문** : HY엽서M, 11pt, 가운데 정렬

20

학습목표

스타일로 마카롱 홍보글 만들기

- 스타일 기능을 이해하고 새로운 스타일을 추가할 수 있습니다.
- 만들어진 스타일을 적용할 수 있습니다.

✿ 스타일(Style)   문서를 통일성 있게 만들고 싶을 때 스타일 기능을 활용하면 편리해요. 스타일은 글자 모양이나 문단 모양을 미리 만들어 두고 단축키를 누르거나 메뉴 클릭만으로 적용할 수 있어요.

실습파일 : 마카롱(예제).hwp   완성파일 : 마카롱(완성).hwp

미리보기

1 스타일 추가하기

01 '**마카롱(예제).hwp**' 파일을 실행하고 글자 모양을 설정하기 위해 '**딸기하트요거트**'를 마우스로 드래그하여 블록으로 지정하고 **[서식] 탭-[글자 모양(가)]**을 클릭해요.

02 [글자 모양] 대화상자가 나타나면 **[기본] 탭**에서 크기, 글꼴, 양각, 글자 색을 지정하고 [설정]을 클릭해요.

- ❷ 29pt ❸ 한컴 바겐세일 B ❹ 양각 ❺ 주황(RGB:255,132,58)

03 글자가 블록으로 지정된 상태에서 서식 도구 상자에서 정렬과 줄 간격을 설정해요.

- ❶ 가운데 정렬 ❷ 130%

간단한 설정 사항은 서식 도구 상자를 이용하는 것이 편리해요.

04 지정한 글자 모양과 문단 모양을 스타일 목록에 추가하기 위해 '딸기하트요거트' 텍스트 안에 커서를 놓은 후 **[서식] 탭-[스타일 추가하기(▲+)]**를 클릭해요. [스타일 추가하기] 대화상자가 나타나면 스타일 이름에 "**마카롱 이름**"을 입력한 후 [추가]를 클릭해요.

💡 문서에서 먼저 서식을 설정한 후 스타일을 만들면 보다 편리하게 작업할 수 있어요.

05 같은 방법으로 '**#딸기하트요거트 #비주얼담당 #취저**' 글자도 서식 도구 상자에서 글꼴, 크기, 글자 색, 가운데 정렬을 지정한 후 "**해시태그**"라는 이름으로 스타일을 추가해요.

• 양재인장체M, 9pt, 하양(RGB:255,255,255) 5% 어둡게, 가운데 정렬

2 새로운 스타일 추가하기

01 이번에 다른 방법으로 스타일을 추가해 볼게요. '**남녀노소~느껴보세요.**' 글자 전체를 블록으로 지정한 후
　　 F6 을 눌러요.

02 [스타일] 대화상자가 나타나면 왼쪽 아래 '**스타일 추가하기(+)**' 아이콘을 클릭해요. [스타일 추가하기] 대화
　　 상자에서 스타일 이름을 "**추천글**"로 입력하고, [문단 모양]을 클릭해요.

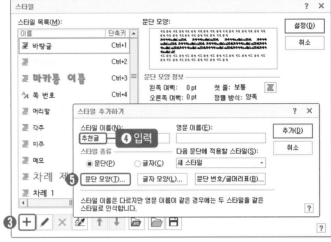

03 [문단 모양] 대화상자가 나타나면 **[기본] 탭**에서 줄 간격을 지정한 후 [설정]을 클릭해요. 다시 [스타일 추가하
　　 기] 대화상자에서 [글자 모양]을 클릭해요. [글자 모양] 대화상자가 나타나면 **[기본] 탭**에서 글꼴, 자간을 지정
　　 하고 [설정]을 클릭해요.

　　　 • ❷150% ❺ 경기천년바탕 Regular ❻ -5%

04 다시 [스타일 추가하기] 대화상자에서 [추가]
　　 를 클릭하고, [스타일] 대화상자에서 [설정]을
　　 클릭하여 '**추천글**' 스타일이 적용된 것을 확인
　　 해요.

　　 🔆 문단 모양 정보와 글자 모양 정보에 지정한 값이 표시
　　　　 돼요.

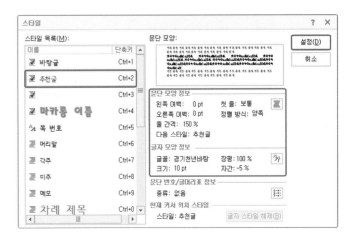

01 추가한 스타일을 적용하기 위해 아래쪽 '**솔티드카라멜마카롱**'을 드래그하여 블록으로 지정하고 [**서식**] **탭**-[**스타일 목록**]에서 '**마카롱 이름**'을 클릭해요.

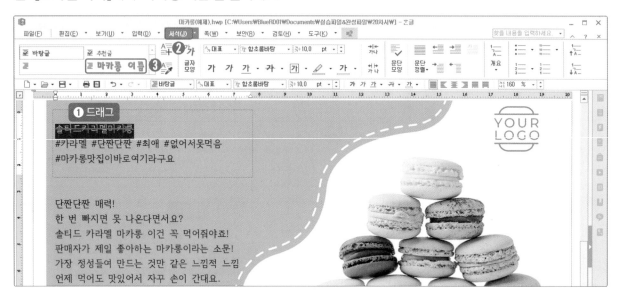

02 같은 방법으로 '**#카라멜~#마카롱맛집이바로여기라구요**' 글자에는 '**해시태그**' 스타일을 적용하고, '**단짠단짠~내가 쩌요 :-D**' 글자에는 '**추천글**' 스타일을 적용해 홍보글을 완성해요.

혼자서 뚝딱뚝딱

1 '치킨(예제).hwp' 파일을 열고 치킨 부위 선택 성격 테스트 결과에 스타일을 만들어 적용해 보세요.

· 실습파일 : 치킨(예제).hwp　　· 완성파일 : 치킨(완성).hwp

딱 한 조각만 먹어야 한다면? 여러분의 선택은?

❶
(1) 닭다리

(2) 닭가슴살

(3) 닭날개

닭다리를 선택한 당신!
재능이 많고 감정에 솔직한 스타일이에요.
어딜가나 인기가 많고 분위기 메이커로 불린답니다!

닭가슴살을 선택한 당신!
끈기가 있고, 침착하며 성실한 사람이에요.
가정적이고 사람들에게도 친절해 좋은 이미지를 가지고 있어요!

닭날개를 선택한 당신!
자존심이 강하고, 자존감이 높은 사람이에요.
언제 어디서나 당당하고 개성 있어 어딜 가나 주목받는 주인공이에요!

❷

작성조건

❶ 스타일 이름(치킨), 문단 모양(가운데 정렬), 글자 모양(경기천년제목V Bold, 15pt, 남색<RGB:58,60,132>)

❷ 스타일 이름(결과), 문단 모양(줄 간격 150%), 글자 모양(양재인장체M, 9pt)

📖 **여름 1-1** ▶ 우리는 가족입니다

2 '가족행사(예제).hwp' 파일을 열고 우리 가족 행사표에 스타일을 만들어 적용해 보세요.

· 실습파일 : 가족행사(예제).hwp　　· 완성파일 : 가족행사(완성).hwp

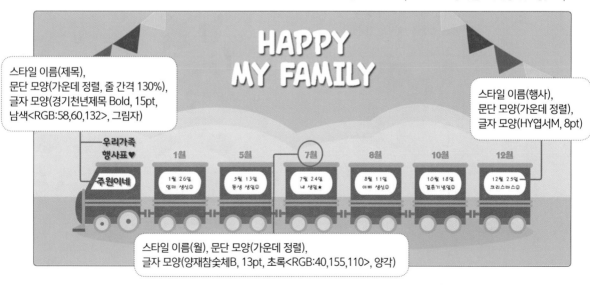

스타일 이름(제목),
문단 모양(가운데 정렬, 줄 간격 130%),
글자 모양(경기천년제목 Bold, 15pt,
남색<RGB:58,60,132>, 그림자)

스타일 이름(행사),
문단 모양(가운데 정렬),
글자 모양(HY엽서M, 8pt)

스타일 이름(월), 문단 모양(가운데 정렬),
글자 모양(양재참숯체B, 13pt, 초록<RGB:40,155,110>, 양각)

💡 실제 우리 가족의 행사 날짜와 내용으로 수정해도 좋아요!

#책갈피 #하이퍼링크

21

책갈피&하이퍼링크로 심리테스트 만들기

- 지정한 위치에 책갈피를 만들 수 있습니다.
- 개체나 텍스트에 하이퍼링크를 지정할 수 있습니다.
- 하이퍼링크에 책갈피를 연결할 수 있습니다.

✿ 책갈피   문서를 편집하는 도중에 본문의 여러 곳에 표시를 해 두었다가 현재 커서의 위치에 상관없이 표시해 둔 곳으로 커서를 곧바로 이동시킬 수 있어요.

✿ 하이퍼링크   문서의 특정한 위치에 현재 문서나 다른 문서, 웹 페이지, 전자 우편 주소 등을 연결하여 클릭하면 쉽게 이동할 수 있어요.

실습파일 : 심리테스트(예제).hwp   완성파일 : 심리테스트(완성).hwp

미리보기

정글로 떠난 당신!
우연히 인디언 부족을 만나 함께 생활하게 되었는데요.
휴가가 끝나 원래의 생활로 돌아가야 하는데,
이때 인디언 부족의 족장님이
당신에게 동물 한 마리를 선물로 주겠다고 합니다.
다음 여섯 마리 동물 중
어떤 동물을 데려갈 건가요?

양

말

소

원숭이

팬더

호랑이

1 책갈피 작성하기

01 '**심리테스트(예제).hwp**' 파일을 실행해요. 집으로 데려갈 동물을 선택해 클릭하면 심리테스트 결과로 이동하도록 만들어볼게요.

💡 말풍선 속의 내용을 읽어보고 나라면 어떤 동물을 선택할지 생각해 보세요.

02 먼저 책갈피를 작성하기 위해 키보드의 [Page Down]을 눌러 2쪽으로 이동해요. 글상자 안을 클릭하여 커서를 놓고 **[입력] 탭-[책갈피(📑)]**를 선택해요.

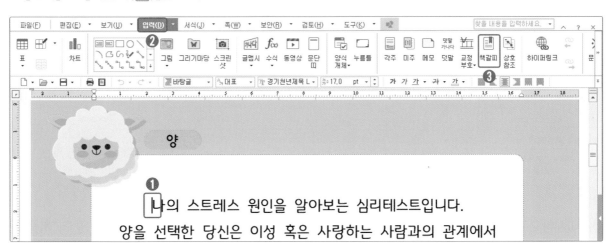

03 [책갈피] 대화상자가 나타나면 책갈피 이름으로 "**양**"을 입력하고 [넣기]를 클릭해요.

04 같은 방법으로 3쪽의 '말'에 대한 결과가 적힌 글상자 안에 커서를 놓고 **[입력] 탭-[책갈피(📑)]**를 선택해요. [책갈피] 대화상자가 나타나면 책갈피 이름으로 **"말"**을 입력하고 [넣기]를 클릭해요.

05 같은 방법으로 '**소**', '**원숭이**', '**팬더**', '**호랑이**'의 결과가 적힌 글상자 안에도 각각 동물 이름으로 책갈피를 지정해요.

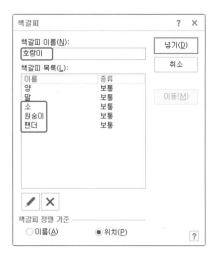

06 마지막으로 [Ctrl]+[Page Up]을 눌러 1쪽으로 이동하고 문제가 있는 글상자 안에 커서를 놓은 후 **"처음으로"**로 책갈피를 지정해요.

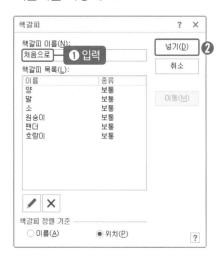

01 1쪽의 양 이미지를 클릭하면 심리테스트 결과가 적힌 곳으로 이동하도록 설정하기 위해 양 이미지를 선택하고 **[입력] 탭-[하이퍼링크(🌐)]를** 클릭해요.

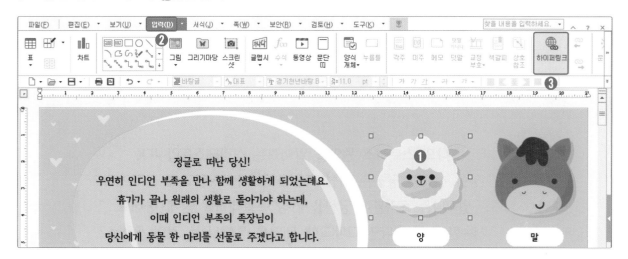

02 [하이퍼링크] 대화상자가 나타나면 책갈피 목록에서 '**양**'을 선택하고 [넣기]를 클릭해요.

03 Esc 를 눌러 양 이미지 선택을 해제해요. 하이퍼링크가 설정되면 그림 위에 마우스 포인터를 가져갔을 때 손가락 모양으로 변경되고, 클릭하면 2쪽의 '양' 책갈피가 설정된 곳으로 이동해요.

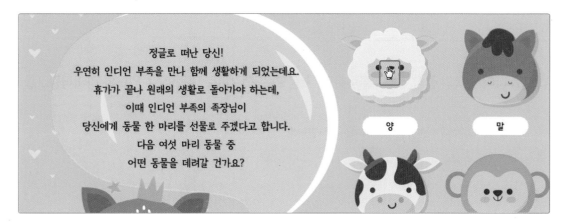

04 같은 방법으로 나머지 동물 이미지에도 각각의 책갈피로 이동할 수 있도록 하이퍼링크를 설정해요.

05 이번엔 결과가 적힌 글상자를 클릭하면 문서의 처음으로 이동하도록 글상자에 하이퍼링크를 설정해 볼게요. 2쪽의 흰색 글상자를 선택하고 **[입력] 탭–[하이퍼링크( )]**를 클릭해요.

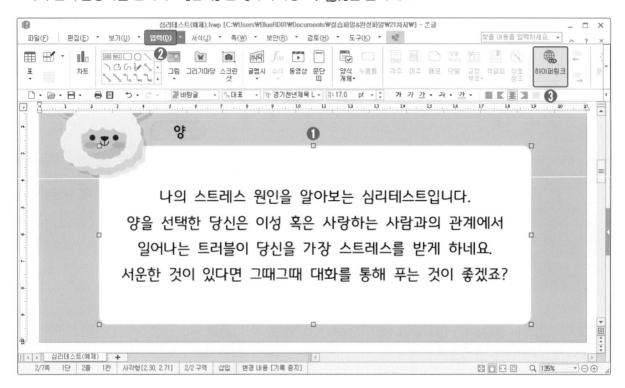

06 [하이퍼링크] 대화상자가 나타나면 책갈피 목록에서 '**처음으로**'를 선택하고 [넣기]를 클릭해요.

07 같은 방법으로 나머지 쪽의 글상자에도 클릭하면 '처음으로' 책갈피로 이동할 수 있도록 하이퍼링크를 설정해요.

💡 하이퍼링크를 설정한 그림이나 도형을 선택할 때에는 Alt +클릭해요.

혼자서 뚝딱뚝딱

1 'OX퀴즈(예제).hwp' 파일을 열고 책갈피와 하이퍼링크를 지정하여 문서를 완성해 보세요.

· 실습파일 : OX퀴즈(예제).hwp   · 완성파일 : OX퀴즈(완성).hwp

· [1쪽] : 'QUIZ' 그림을 클릭하면 문제가 있는 쪽(2쪽)으로 이동합니다.
· [2쪽] : '맞다'를 클릭하면 [딩동댕! 정답입니다.]가 표시된 3쪽으로 이동하고, '틀리다'를 클릭
　하면 [땡!!! 틀렸습니다.]가 표시된 4쪽으로 이동합니다.
· [3쪽] : 텍스트를 클릭하면 문제가 있는 2쪽으로 이동합니다.
· [4쪽] : 텍스트를 클릭하면 문제가 있는 2쪽으로 이동합니다.

#그림 삽입 #동영상 #하이퍼링크

22

학습목표

동영상으로 여행 브이로그 만들기

· 문서에 동영상을 삽입할 수 있습니다.

· 삽입된 동영상의 크기를 조절하여 배치하고 재생할 수 있습니다.

· 개체에 동영상을 연결하여 재생할 수 있습니다.

✡ 동영상 　동영상 파일을 삽입하면 글자만 있는 문서보다 생동감 있고 실감나는 문서 작업이 가능해요.

실습파일 : 여행 브이로그(예제).hwp, 이미지 파일(제주도 지도, 해녀), 브이로그 영상.mp4　　　완성파일 : 여행 브이로그(완성).hwp

미리보기

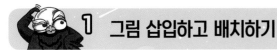

1 그림 삽입하고 배치하기

01 '**여행 브이로그(예제).hwp**' 파일을 실행하고 그림을 삽입하기 위해 **[입력] 탭-[그림( )]**을 클릭해요.

02 [그림 넣기] 대화상자가 나타나면 **[22차시] 폴더**에서 '**제주도 지도.png**'와 '**해녀.png**'를 Ctrl을 이용하여 한꺼번에 선택한 후 [넣기]를 클릭해요.

🔔 Shift를 이용해도 한꺼번에 선택할 수 있어요.

03 그림이 삽입되면 각각 크기를 조절하여 다음과 같이 배치해요.

🔔 '제주도 지도.png'는 크기를 키우고, '해녀.png'는 크기를 줄여요.

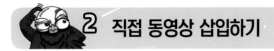

01 동영상 삽입은 직접 동영상 파일을 삽입하는 방법과 하이퍼링크를 통해 외부 웹 브라우저 링크를 공유하는 방법이 있어요. 직접 동영상을 삽입하는 방법을 알아볼게요. **[입력] 탭-[동영상( )]**을 클릭해요.

02 [동영상 넣기] 대화상자가 나타나면 '**로컬 동영상**'을 선택하고, '**문서에 포함**'을 **체크**한 후 '**동영상 파일 선택( )**' 아이콘을 클릭해요. **[22차시] 폴더**에서 '**브이로그 영상.mp4**'를 선택하고 [열기]를 클릭해요. 다시 [동영상 넣기] 대화상자로 돌아오면 [넣기]를 클릭해요.

💡 '*.mpg, *.avi, *.asf, *.wmv, *.mp4'의 확장자를 가진 동영상을 삽입할 수 있어요.

03 동영상 파일이 삽입되면 드래그하여 크기를 조절하고 그림과 같이 배치해요.

💡 그림 위에 배치했을 때 동영상 파일이 보이지 않는다면 P를 눌러 [개체 속성] 대화상자에서 본문과의 배치를 '글 앞으로'로 설정해요.

04 동영상 개체에서 ▣를 클릭해 영상이 제대로 재생되는지 확인해 보세요.

③ 하이퍼링크로 외부 동영상 링크 연결하기

01 이번엔 외부 웹 브라우저 링크를 연결하는 방법을 알아볼게요. 해녀 이미지를 선택하고 **[입력] 탭-[하이퍼링크(🌐)]**를 클릭해요.

02 [하이퍼링크] 대화상자가 나타나면 연결 종류를 '**웹 주소**'로 선택하고 연결 대상에 "**http://tv.naver.com/v/13696459**"를 입력한 후 [넣기]를 클릭해요.

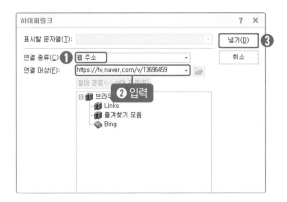

03 Esc를 눌러 이미지 선택을 해제하고 해녀 이미지를 클릭하여 링크가 제대로 열리는지 확인해 보세요. 다음과 같이 보안 관련 팝업 창이 뜨면 **[한 번 허용]**을 클릭해요.

04 링크를 수정해야 한다면 Alt를 누른 상태에서 해녀 이미지를 클릭하고 **[입력] 탭-[하이퍼링크]**를 클릭해 수정해요.

💡 개체 선택 후 마우스 오른쪽 버튼을 눌러 바로 가기 메뉴에서 [하이퍼링크]를 클릭해도 돼요.

1 '우주비행사(예제).hwp' 파일을 열고 동영상을 삽입해 문서를 완성해 보세요.

· 실습파일 : 우주비행사(예제).hwp, 이미지 파일(우주_배경, 우주비행사), 로켓발사.mp4 　　　 · 완성파일 : 우주비행사(완성).hwp

 작성 조건

· **바탕쪽** : '우주_배경.png' 삽입
· **이미지 삽입**
　－ 우주비행사.png
　－ **하이퍼링크 설정** : 연결 종류(웹 주소), 연결 대상(https://youtu.be/sEIK49joICE)
· **동영상 삽입**
　－ 로켓발사.mp4
　－ 삽입 후 크기 조절

#다단 #다단 설정 나누기 #모양 복사 #머리말 #꼬리말

23

다단으로 우리집 소식지 만들기

학습목표

· 다단과 다단 설정 나누기 기능을 활용하여 한 페이지에 여러 개의 단을 만들 수 있습니다.

· 모양 복사 기능을 사용해 쉽게 모양을 바꿀 수 있습니다.

· 머리말과 쪽 번호를 삽입하고 수정할 수 있습니다.

✿ **다단** 신문이나 회보, 찾아보기 등을 만들 때 읽기 쉽도록 한 쪽을 여러 개의 단으로 나누는 기능이에요.

✿ **모양 복사** 커서 위치의 글자 모양이나 문단 모양, 스타일 등을 다른 곳에 간편하게 복사하는 기능이에요.

실습파일 : 우리집 소식(예제).hwp   완성파일 : 우리집 소식(완성).hwp

미리보기

시현이네 가족 이야기 6월호

우리집 소식

새소식

며칠 전 우리집에 새 식구가 생겼다. 태어난지 한 달 밖에 안 된 아주 작은 강아지이다. 엄마는 반대했지만 내가 너무 너무 키우고 싶어 하니 아빠가 이번에 분양을 받아 오셨다. 하얗고 작은 강아지의 이름은 '몬모'이다. 몬모의 목욕은 누나와 내가 시켜주기로 했다. 배변 교육도 열심히 할 것이다. 몬모야, 우리 가족이 된 걸 환영해 ♥

가족 소식

엄마가 요즘 많이 힘드신 것 같다. 집안 일도 하셔야 하고, 회사에도 다니셔야 하니 안 힘들 수가 없다. 우리 식구 모두 집안 일을 함께 하려고 하는데, 아무래도 엄마가 챙겨야 할 게 많으시다. 조금이나마 도와 드리려면 어떻게 해야 할까? 계속 고민 중이다. 요즘엔 내 방 청소도 잘하고 청소기 돌리는 건 내가 맡아서 하고 있다. 엄마 파이팅(!)

여름 휴가 계획

이번 여름 방학에는 가족 여행을 다녀올 예정이다. 8월 1일~8월 4일까지 전라남도 여수로 다녀올 예정이다. 아침 일찍 출발해 여수 바다에서도 신나게 보고, 맛있는 음식도 먹고, 구경도 많이 많이 하고 올 예정이다. 아빠는 여수 밤바다가 그렇게 멋있다고 꼭 밤에 바다에 나가보자고 하신다. 기대된다!

지난 달 우리 가족 이야기

가족들에게 추천한 책을 모두 읽었다. 마지막 주 주말에는 가족들과 과자와 음료수를 먹으며, 읽은 책에 대해서 간단하게 이야기를 하는 시간을 가져보았다. 또, 내 생일이 있었는데, 가족들이 깜짝 생일파티도 해주어 너무 행복한 시간이었다. 누나랑 과자 먹는 거 가지고 엄청 싸웠던 기억이 난다. 분명 누나가 안 먹는다고 했는데, 내 과자를 뺏어서 다 먹었기 때문이다. 난 잘못한 게 없는 것 같은데 둘이 같이 손들고 있어서 좀 억울했다.

이번 달 책 추천

엄마	오은영의 화해, 오은영
아빠	내 강아지 마음 상담소, 강형욱
누나	설민석의 한국사 대모험 13, 설민석
나	흔한남매 4, 흔한남매

이번 주 우리집 저녁 메뉴

✔ 월요일 : 잔치국수, 참치주먹밥

✔ 화요일 : 제육볶음, 상추쌈

✔ 수요일 : 김치찌개, 계란말이

✔ 목요일 : 비빔밥, 된장찌개

✔ 금요일 : 치킨+콜라

✔ 토요일 : 초밥+우동

✔ 일요일 : 삼겹살 파티

LUCKY DAY

- A -

1 한 페이지에 여러 개의 다단 설정하기

01 '**우리집 소식(예제).hwp**' 파일을 실행하고 다단을 설정하기 위해 '새소식' 글자 앞에 커서를 놓은 후 [**쪽**] 탭-[**단**]의 아래 화살표를 눌러 바로 가기 메뉴에서 [**셋**]을 선택해요.

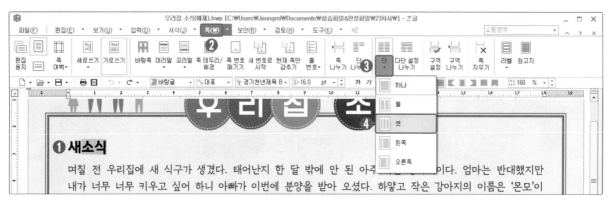

💡 간단한 다단 설정은 도구 상자에서 지정하면 편해요.

02 문서가 3단으로 나누어진 것을 확인해요. '새소식', '가족 소식', '여름 휴가 계획' 글자가 각 단의 제일 위에 올라 오도록 만들기 위해 '새소식'의 본문이 끝나는 '**환영해 ♥**' 글자 뒤에 커서를 놓은 후 [**쪽**] 탭-[**단 나누기**]를 클릭해요.

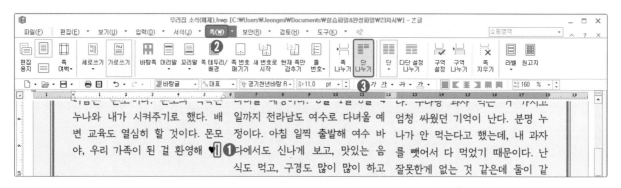

03 같은 방법으로 '가족 소식'의 본문이 끝나는 '**파이팅(!)**' 글자 뒤에 커서를 놓은 후 [**쪽**] 탭-[**단 나누기**]를 클릭해요.

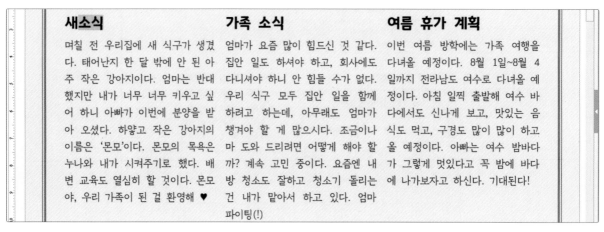

💡 단 나누기는 단의 내용이 다 차지 않았더라도 다음 단으로 본문의 내용을 옮겨 보기 좋게 만들 수 있는 기능이에요.

04 '지난 달 우리 가족 이야기'는 3단이 아닌 1단으로 만들어야 해요. **'지난 달 우리 가족 이야기'** 글자 앞에 커서를 놓고 [쪽] 탭-[다단 설정 나누기(▤)]를 클릭해요.

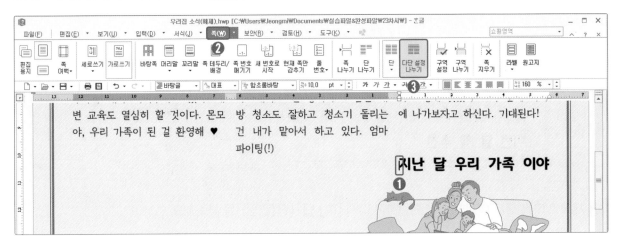

🔅 다단 설정 나누기 기능을 이용하면 한 쪽 안에서도 여러 개의 단을 만들 수 있어요.

05 제목이 다음 줄로 이동한 것을 확인하고 다시 [쪽] 탭-[단]의 아래 화살표를 눌러 바로 가기 메뉴에서 [하나]를 선택해요.

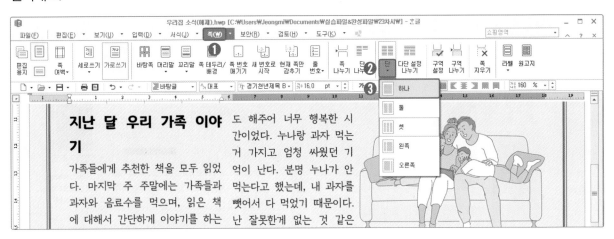

06 1단으로 설정된 것을 확인해요.

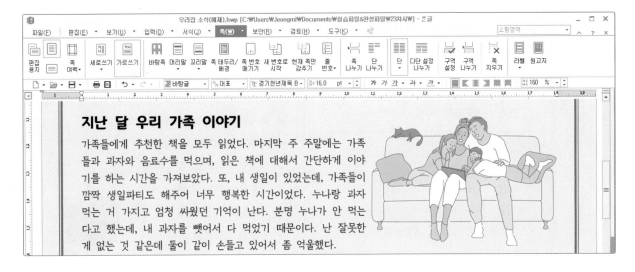

07 같은 방법으로 '이번 달 책 추천'과 '이번 주 우리집 저녁 메뉴'는 2단으로 만들어 볼게요. **'이번 달 책 추천'** 글자 앞에 커서를 놓고 **[쪽] 탭-[다단 설정 나누기(▥)]**를 클릭해요.

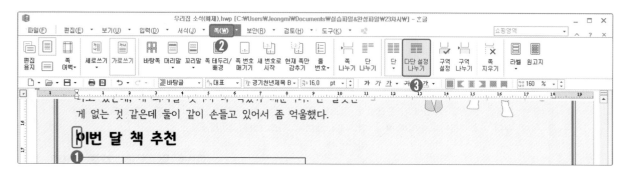

08 제목이 다음 줄로 이동한 것을 확인하고 다시 **[쪽] 탭-[단(▥)]**을 클릭해요.

09 [단 설정] 대화상자가 나타나면 단 개수, 구분선 넣기, 종류를 지정하고 [설정]을 클릭해요.

· ❶ 둘 ❷ 구분선 넣기 ❸ 점선

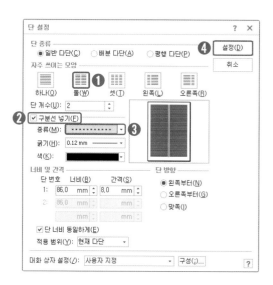

10 2단이 설정되면 '이번 주 우리집 저녁 메뉴' 앞에 커서를 놓고 **[쪽] 탭-[단 나누기(▥)]**를 클릭해요.

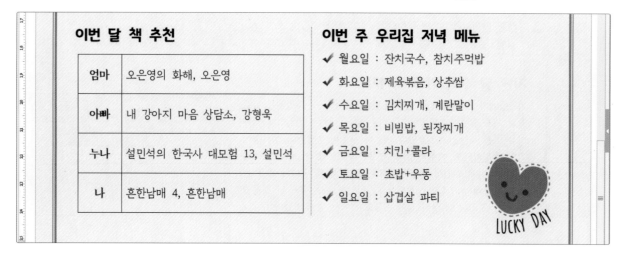

2 모양 복사하기

01 '새소식'의 '소식'에 지정된 음영을 다른 제목에도 똑같이 적용하기 위해 '**소식**' 제목 사이에 커서를 놓고 **[편집]
탭-[모양 복사(📝)]**를 클릭해요.

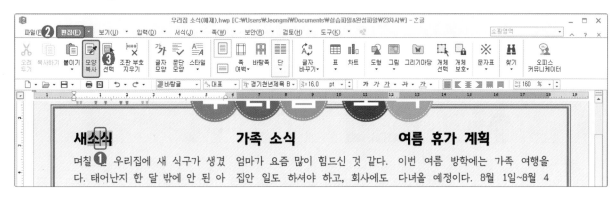

💡 글자를 블록으로 지정하지 않아요.

02 [모양 복사] 대화상자가 나타나면 '**글자 모양과 문단 모양 둘 다 복
사**'를 선택하고 [복사]를 클릭해요.

03 복사된 모양을 다른 제목에 적용하기 위해 '**소식**' 글자를 블록으로 지정한 후 **[편집] 탭-[모양 복사(📝)]**를
클릭해요.

💡 복사한 모양을 적용할 글자는 블록으로 지정해야 해요.

04 같은 방법으로 나머지 제목에도 모양 복사 기능을 이용해 음영을 적용해요.

③ 쪽 번호와 머리말 지정하기

01 머리말을 지정하기 위해 **[쪽] 탭-[머리말]-[위쪽]-[모양 없음]**을 클릭해요.

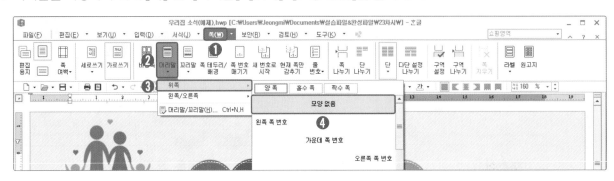

02 머리말 입력 영역이 나타나면 머리말을 입력하고 글자를 블록으로 지정한 후 서식 도구 상자에서 글꼴, 글자 크기, 정렬을 설정해요. 설정이 완료되면 **[머리말/꼬리말 닫기]**를 클릭해 편집을 완료해요.

- 한컴 윤체 L, 10pt, 오른쪽 정렬

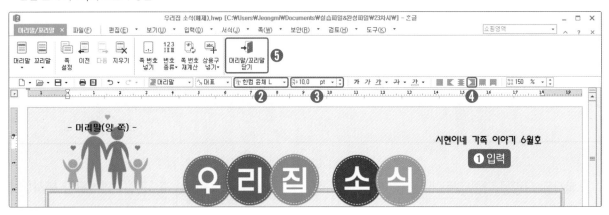

03 쪽 번호를 지정하기 위해 **[쪽] 탭-[쪽 번호 매기기]**를 클릭해요. [쪽 번호 매기기] 대화상자가 나타나면 번호 위치, 번호 모양을 지정하고 [넣기]를 클릭해요.

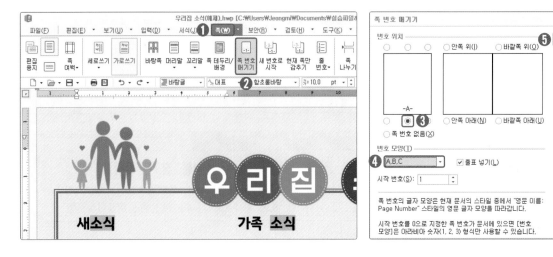

04 쪽 번호가 삽입된 것을 확인해요.

혼자서 뚝딱뚝딱

1 '역사인물(예제).hwp' 파일을 열고 역사적 인물을 소개하는 문서를 완성해 보세요.

· 실습파일 : 역사인물(예제).hwp, 태극기.jpg ・완성파일 : 역사인물(완성).hwp

★ 대한민국을 빛낸 위대한 인물들

한국을 지킨 위대한 인물

☑ 유관순(柳寬順)

1902~1920

3.1 운동, 천안 아우내 만세운동
일제강점기의 독립운동가. 1918년 이
화학당에 다니다가 1919년 3.1운동이
시작되자 운동에 적극 가담했다. 휴교
령이 내리자 고향인 천안으로 내려와
천안 아우내 만세 운동을 주도한다. 이
에 부모님이 살해당하고 자신도 체포
되었지만, 재판을 받는 도중 일본 재판
장에게 의자를 던지는 등 독립의지를
보인다. 옥중에서도 대한독립만세를 외쳤지만, 1920년 모진
고문을 이기지 못하고 옥사했다.

☑ 안중근(安重根)

1879~1910

이토 히로부미 사살, 대한의군 참모중
장, 동양 평화론
조선 말기 의병장. 어린 시절부터 사격
의 명수로 유명했고, 계몽 사업을 중심
으로 활동했다. 1907년에는 국채보상
운동에 참여하기도 했다. 일제의 침략
이 확대되자 러시아 블라디보스토크로
망명한 이후 의군을 조직해 참모중장
으로 임명된다. 1910년 하얼빈 역에서
일제 침략의 주범이던 이토 히로부미를 사살하여 체포된다.

- 1 -

· **바탕쪽** : '태극기.jpg' 그림 삽입, 워터마크 효과-[색조 조정]-[워터마크]
· **머리말** : 한컴 솔잎 M, 9pt, 주황(RGB:255,132,58), 오른쪽 정렬
· **쪽 번호** : 오른쪽 아래, 줄표 넣기
· **다단** : 2단, 구분선(점선)
· 3쪽까지 인물을 기준으로 단을 나누고 이름에 서식 적용
· **모양 복사** : 인물의 이름은 '☑ 유관순(柳寬順)' 글자에 적용된 서식을 모양 복사 기능 이용하여
  적용

24 두근두근 세계 여행

액티비티

오늘은 우리 책의 마지막 시간! 쉬어가는 시간을 가져 볼게요. 여러 나라의 국기를 활용하여 친구들과 함께 재미있는 퀴즈를 풀 수 있는 세계 여행을 떠날 예정이에요. 세계 여러 나라에 대해 미리 알아보고 내가 여행하고 싶은 나라를 생각한 후 친구들과 이야기를 나눠보세요. 친구들과 팀을 이뤄 함께 퀴즈를 풀어보면서 세계 여행을 떠나 볼까요?

실습파일 : 세계여행(예제).hwp, 이미지 파일(대한민국, 쿠바)　　완성파일 : 세계여행(완성).hwp

미리보기

놀이 인원

✿ 한 팀당 2~3명

놀이 시간

✿ 30분

놀이 방법

1 2~3명이 하나의 팀이 됩니다. 각 팀의 구호를 정해 보세요.
2 미리 2~3쪽의 나라별 특징을 알아보세요.
3 출발 지점에서 주사위를 던져 나온 숫자만큼 이동해요.
4 나라의 이름을 말해보고, 선생님이 퀴즈를 내주세요.
5 정답을 아는 팀은 팀 구호를 외친 후 답을 말해요.
6 맞히면 그 칸에 해당 팀의 스티커를 붙여요. 틀리면 다른 팀으로 기회가 넘어가요.
7 한 바퀴 돌아 문제를 모두 풀면 가장 많이 맞힌 팀이 승리!

1 국기 이미지 삽입하고 하이퍼링크 지정하기

01 '**세계여행(예제).hwp**' 파일을 실행하고 대한민국의 국기를 삽입하기 위해 셀 안에 커서를 놓고 **[입력]**
탭-[그림(▣)]을 클릭하여 '**대한민국.png**' 국기를 삽입해요.

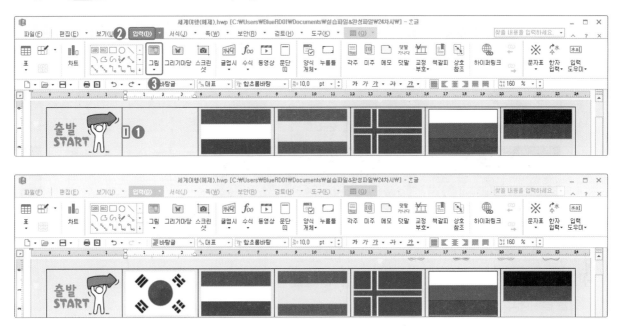

02 대한민국 국기를 선택하고 **[입력] 탭-[하이퍼링크]**를 클릭
하여 책갈피 목록의 '**대한민국**'을 선택하고 [넣기]를 클릭
해요.

03 같은 방법으로 표의 마지막 줄 빈칸에는 '**쿠바.png**' 국기를 삽입하고 하이퍼링크를 지정해요.

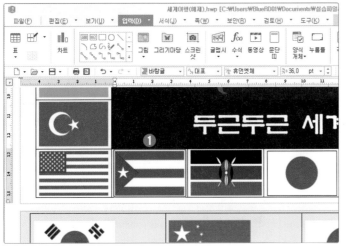

01 나라별 설명 셀을 블록으로 지정하고 [**서식**] **탭-**[**그림 글머리표**]**-**[**그림 글머리표 모양**]을 선택해요.

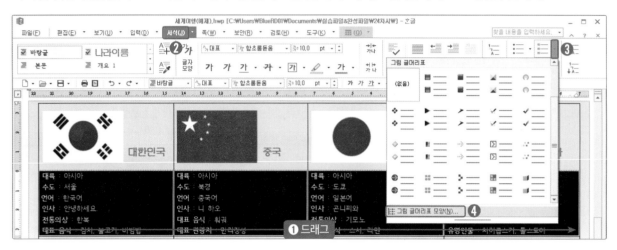

02 [**문단 번호/글머리표**] 대화상자가 나타나면 [**그림 글
머리표**] **탭**에서 별 모양 글머리 기호를 선택하고 [**설
정**]을 클릭해요.

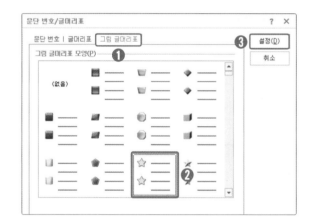

03 글자 앞에 그림 글머리표가 삽입된 것을 확인해요. 나머지 셀에도 그림 글머리표를 삽입해요.

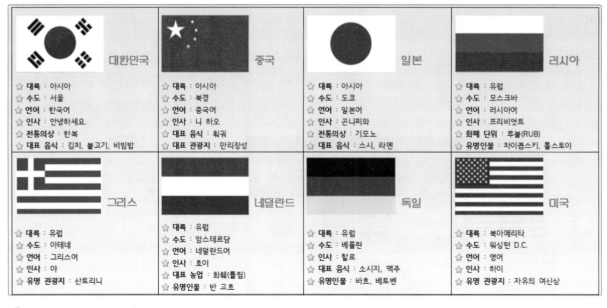

앞에서 설정한 그림 글머리표는 그림 글머리표 목록에 표시되므로 쉽게 설정할 수 있어요.

③ 주사위 사용 방법

01 게임을 할 때 사용할 주사위는 인터넷을 활용해요. 웹 브라우저를 실행하여 '**구글(google.com)**'에 접속한 후 'roll a dice' 혹은 '**주사위 던지기**'를 검색해요.

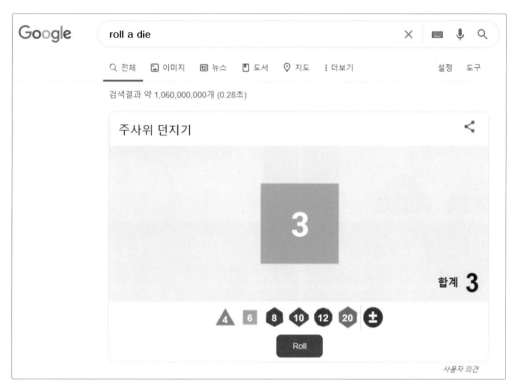

02 [Roll]을 클릭하면 주사위를 굴릴 수 있고, 하단의 숫자가 적힌 도형을 클릭하면 주사위를 추가할 수 있어요.

💡 화면의 주사위를 클릭하면 해당 주사위를 삭제할 수 있어요.

MEMO